중반전술

전원바둑연구실 지음

모르고 바둑 두지 마라

전원문화사

중반전술 모르고 바둑 두지마라

2016년 8월 20일   2판 1쇄 발행

지은이 ∗ 전원바둑연구실
펴낸이 ∗ 남병덕
펴낸곳 ∗ 전원문화사
07689 서울시 강서구 화곡로 43가길 30. 2층
        T.02) 6735-2100   F.6735-2103
E-mail ∗ jwonbook@naver.com
등록 ∗ 1999년 11월 16일   제 1999-053호

바둑은 크게 초반, 중반, 종반의 3단계로 구별된다. 이를 좀더 세분화시키면 포석, 정석, 행마, 중반, 맥, 사활, 끝내기 등의 분야로 구별되기도 한다.

그렇다면 이들 분야 중 가장 중요한 항목은 무엇일까? 실력 차이에 따라 관점이 달라지겠지만 일반 아마추어에게 있어서는 중반전술이야말로 가장 중요하고도 핵심적인 분야라고 할 수 있다.

중반전술(中盤戰術)이란 포석이 끝나고 본격적인 전투를 벌이는 단계를 말한다. 반상에 돌을 배치하여 영토의 기초를 구축하는 포석이 완료되면 그 바탕 위에서 본격적으로 영토를 확정짓기 위한 싸움이 벌어지는데, 이 싸움을 총괄하여 중반전술이라고 부르는 것이다.

그런데 중요한 것은 바둑의 승패가 거의 대부분 중반전술에서 결정된다는 것이다. 물론 포석도 승부에 직 · 간접적으로 영향을 미치기도 하며, 끝내기의 실력 여하에 따라 승부가 뒤바뀌기도 한다. 그러나 아무리 훌륭한 포석을 구축했다 할지라도 중반의 전투력 없이는 구축해 놓은 영토를 지키지 못하는 것은 당연하며, 또 아무리 끝내기의 귀재라고 할지라도 중반전술에서 큰 실수를 범한 후 이를 만회하기란 극히 어려운 법이다. 결국 중반전술의 요령을 완벽하게 터득하는 것이야말로 기력을 향상시킬 수 있는 지름길인 것이다.

이 책은 중반전술에서 가장 중요한 요소 중의 하나인 공격과 침입의 급소를 다루는 데 중점을 두었다. 실전에서 반드시 익혀야 할 기본 유형들을 중심으로 내용을 구성했기 때문에 독자 여러분들의 기력 향상에 큰 도움을 줄 수 있으리라 확신한다.

끝으로 이 책이 나오기까지 도움을 주신 김철영 사장님과 편집국 식구 여러분께 감사의 마음을 전한다.

2000년 10월
전원바둑연구실

목 차

제2장 중반전술 수습편 . . . 157

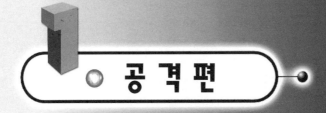

공 격 편

득을 보기 위한 위협

● 흑 차례

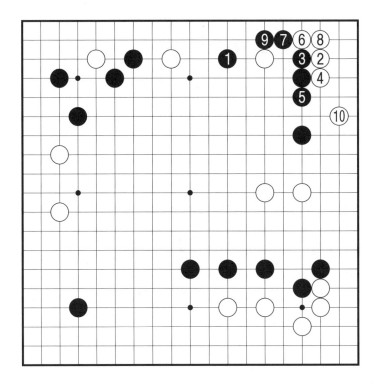

  흑❶의 협공은 당연한 공격. 백②로 3·드을 파면 ⑩까
지 백은 실리를 차지하고 흑은 두터움과 선수에 만족한
다. 흑은 상변 세력을 키우는 것이 급선무인데, 우변의
백 두 점을 위협하면 폭넓게 반면을 운영할 수 있다.

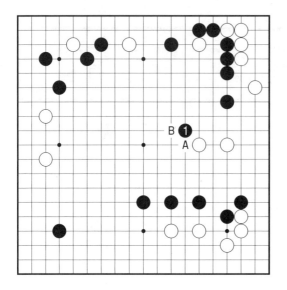

그림1(정해)

흑❶로 씌우는 것이 백을 위협하며 상변의 세력을 십분 활용하는 좋은 수이다. 백이 수습을 하는 동안 흑의 세력은 점점 더 빛을 발할 것이다. 백A는 흑B로 늘어서 충분하다.

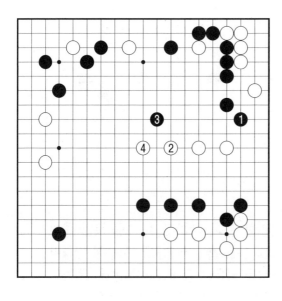

그림2(성급)

흑❶로 직접 차단을 하는 것은 성급한 공격이다. 백②로 뛰면 상변의 모양이 많이 축소된 모습이다. 흑❸이 그나마 좋은 수이지만 정해와는 상당한 차이다.

무리에 대한 응징

⚫ 흑 차례

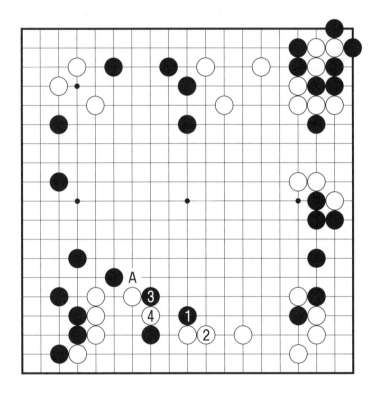

흑❶로 붙여서 싸움이 벌어졌다. 백④의 끼움은 흑의 단점을 만들려는 수이나 사실 무리수이다. 이 수로는 단순하게 A로 늘어서 충분하다. 백의 의도를 파악하고 간명하게 두터움을 쌓으면 정답이다.

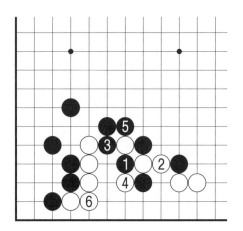

그림1(정해)

흑❶ · ❸으로 단수를 하는 것이 올바른 방향이다. 백⑥까지 연결하면 실리의 손해가 상당해 보이지만 중앙의 빵때림이 매우 두터운 모양이라서 흑이 우세한 모습이다.

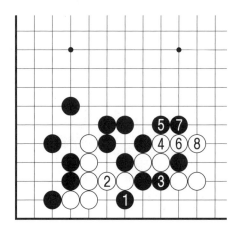

그림2(흑, 두터움)

앞그림에 이어서 흑❶ · ❸으로 단수하는 것이 좋은 사석 작전이다. 중앙을 선수로 두텁게 정비하고 좌변을 키우면 성공적인 모습이다. 백은 흑 석 점을 놓고 따야 하므로 보기보다 집도 작다.

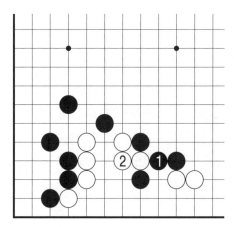

그림3(백의 생각)

흑❶로 단수를 하면 백의 계략에 넘어간다. 백②로 이으면 흑의 단점이 여러 군데 생겨서 도저히 싸울 수가 없는 모습이다. 직접적인 공격이 어려우면 현실적인 이득을 생각해야 한다.

미는 방향에 대한 연구

⚫ 흑 차례

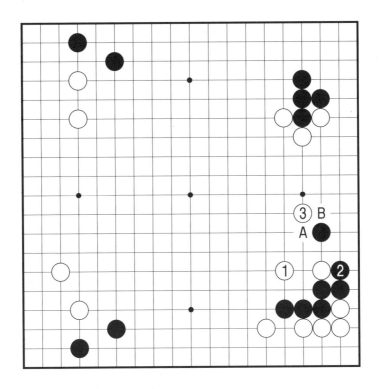

우상귀에서 정석을 마무리짓지 않고 백①·③으로 흑을
누르며 연결을 시도하고 있다. 흑은 당연히 백을 양분해
서 공격의 실마리를 찾아야 한다. 일단 A나 B로 미는
수가 떠오르는데 천국과 지옥의 갈림길이다.

제1장 공격 13

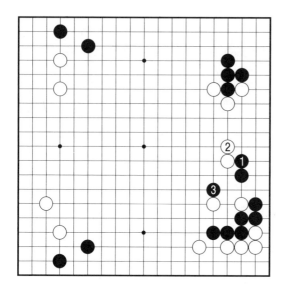

그림1(정해)

흑❶로 밀어서 백의 근거를 없애고 ❸으로 붙여서 백을 양분하는 것이 요령이다. 이렇게 백을 양분하면 앞으로의 전투에서 상당한 이득을 챙길 수 있다.

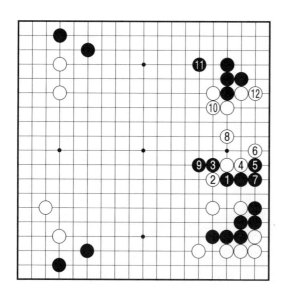

그림2(실패)

흑❶ · ❸으로 끊는 수도 강력해 보인다. 그러나 백④로 막아서 근거를 마련하면 ⑫까지 깨끗하게 모양을 정비할 수 있다. 아래의 백 석점도 확실하게 제압하지 못해서 활용을 당할 여지가 많다.

보통과 날카로움의 차이

● 흑 차례

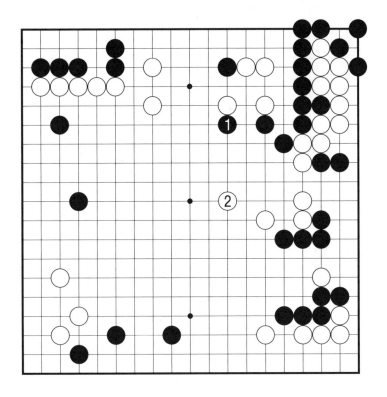

흑❶은 전형적인 기대기전법으로 자신의 말을 안정시키면서 은근히 백말을 위협한다. 백②는 당연한 보강으로 보통의 모양이다. 그러나 결과적으로는 엷은 수로 흑은 이를 추궁하면 단번에 우세를 점할 수가 있다.

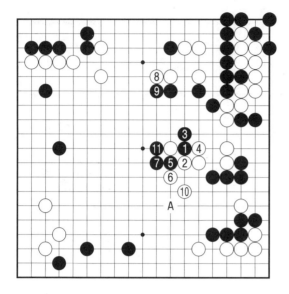

그림1(정해)

흑❶의 붙임이 날카로운 공격의 시발점. 흑❺로 끊으면 백은 한점을 양보하며 수습해야 한다. 흑은 미생마가 중앙을 제압하며 완생을 한 것이 자랑이고, 또 백이 손을 뺀다면 A로 급소를 연타하며 공격할 수 있다.

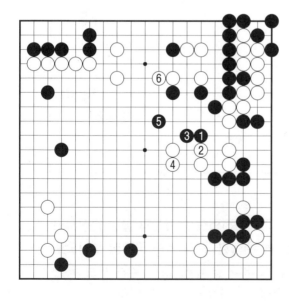

그림2(하책)

흑❶·❸은 보통의 활용법. 자신의 모양을 정비하려는 의도지만 백도 튼튼해지므로 좋다고 할 수가 없다. 아직 공격의 여지는 있지만 큰 기대를 하기 힘든 모습이다.

백 차례

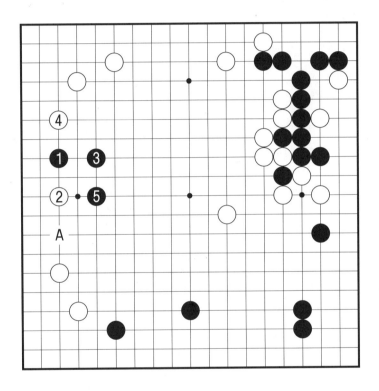

흑❶의 갈라침은 위쪽으로 치우친 감이 있지만 백의 세력을 생각하면 적절한 곳이다. 백도 이제는 ②로 다가서서 공격을 해야 한다. 흑❺의 씌움에는 백A가 보통이지만 중앙의 세력을 생각해서 강하게 두고 싶다.

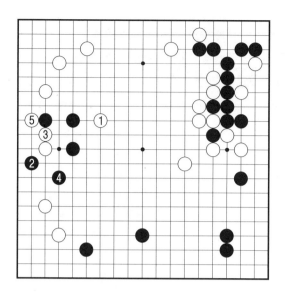

그림1(정해)

백①의 모자가 중앙의 세력을 살리는 멋진 수이다. 흑❷가 눈에 띄는 급소지만 백③·⑤로 넘으면 실리가 크다. 아직 흑 일단이 매우 약한 모습이어서 백세를 삭감하기가 쉽지 않다.

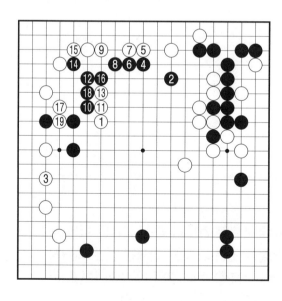

그림2(흑의 변신)

흑은 직접 응수하기가 어려우므로 먼저 세력을 견제할 수가 있다. 그러나 백⑲까지 상변과 좌변을 집으로 만들면 충분하다. 백①의 공격이 실리를 가져다 준 것이다.

필살의 공격

● 흑 차례

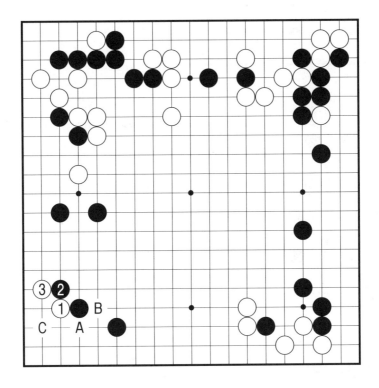

⌒ 백① · ③은 침투의 맥. 그러나 흑의 모양이 견고하므로
백③으로는 A에 젖히고 흑B 때 백C로 호구해서 사는
것이 정수이다. 백③으로 살면 이득이나 흑의 파상 공세
가 예상된다.

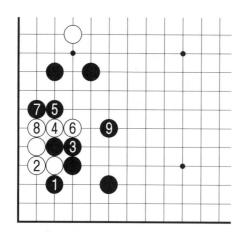

그림1(정해)

흑❶로 젖혀서 백을 잡으러 가는 것이 최강의 공격이다. 백④에는 흑❺·❼로 근거를 없애는 것이 중요한 수순. 이어서 흑❾의 씌움이 마무리 펀치로 백을 잡을 수 있다.

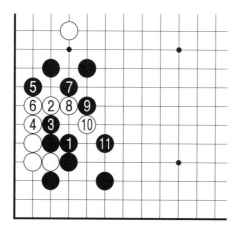

그림2(변화)

흑❶ 때 백이 ②로 날일자하면 흑❸·❺가 근거의 급소. 흑❼로 견고하게 단점을 없애고 ⑪로 씌우면 성공. 부분적인 맥이나 정석이라도 주위 여건을 생각하지 않으면 이처럼 크게 당할 수가 있다.

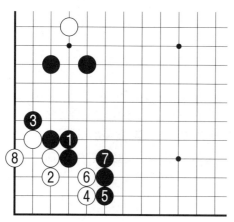

그림3(실패)

흑❶로 이으면 백②로 변신하는 수가 있다. 백⑧까지 살면 공격이 실패한 모습이다. 백②는 잇는 수가 보통이나 그림1·2의 공격을 생각해서 이렇게 둔 것이다.

한 줄에 대한 시비

● 흑 차례

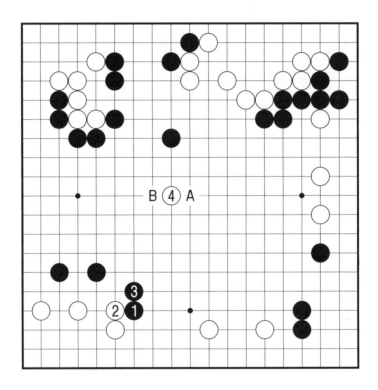

흑❶ · ❸은 세력을 두는 두터운 점. 백A면 흑B로 무
난한 진행이나 백이 욕심을 내서 ④로 한 발 깊게 삭감
한 장면이다. 흑은 당연히 공격을 해야 하는데, 그 방향
이 중요하다.

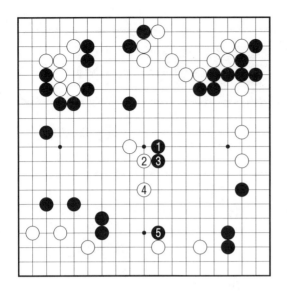

그림1(정해)

흑❶의 씌움이 제일감이다. 백②·④로 탈출할 때 흑❺가 멋진 기대기전법으로 정답이다. 중앙은 깨졌지만 중앙, 하변, 우변의 백을 공략하면 충분한 대가를 구할 수 있다.

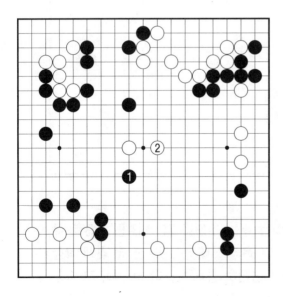

그림2(방향 착오)

흑❶의 공격은 방향 착오이다. 백②로 뛰면 사방이 열려 있는 모습이라 공격이 여의치 않다. 하변, 우변의 백이 약하지만 뚜렷한 공격 방법이 없는 것이 흑의 고민이다.

유연한 사고방식

● 흑 차례

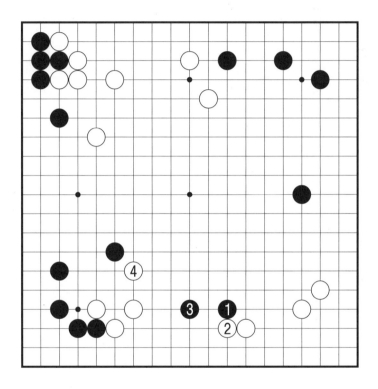

흑❶ · ❸은 가벼운 삭감 수단이지만 은근히 왼쪽 백을
위협한다. 백④로 뛰면 공중전이 불가피하다. 전투는 자
신이 우세한 곳에서 하는 것이 요령. 즉, 자신의 약한 돌
이 있으면 이를 보강하며 싸워야 한다.

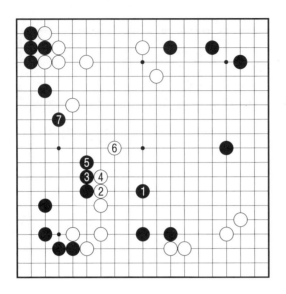

그림1(정해)

흑❶로 자신의 말을 돌보면서 싸우는 것이 바른 생각. 백⑥까지는 필연의 진행인데, 흑❼로 날일자해서 좌변을 집으로 굳히면 충분하다. 하변의 흑 석 점은 가벼운 돌이라 공격이 어렵다.

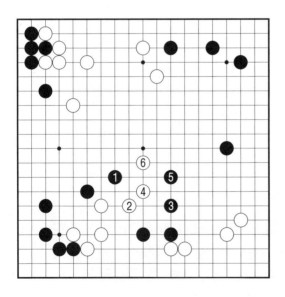

그림2(공격 실패)

흑❶로 씌우면 백⑥까지는 이런 정도이다. 흑은 공격해서 얻은 것이 없고 오히려 백의 세력이 살아날 조짐이다. 흑의 형태가 매우 엷어서 앞으로 많이 당할 것이다.

기세의 반발

● 흑 차례

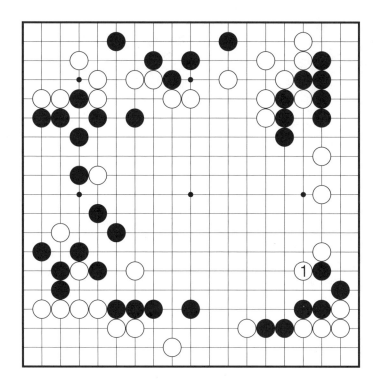

백①은 흑의 형태를 무너뜨리는 강력한 수. 그렇다고 흑이 여기서 물러선다면 많이 당하게 된다. 우변의 백도 약하므로 강하게 반발하고 싶은 자리이다.

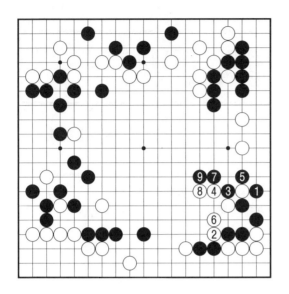

그림1(정해)

일단 흑❶로 젖힐 곳
이다. 백②부터는 기
세의 충돌로 서로 물러
설 수가 없다. 흑은 하
변이 약해졌지만 우변
백 두점을 공격하면 충
분한 모습이다.

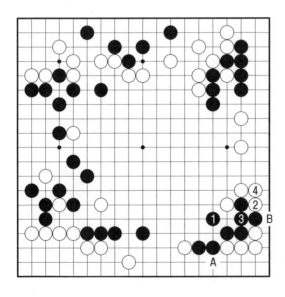

그림2(소극적 자세)

보통은 흑❶로 모양을
갖추면 무난하다. 그
러나 지금은 백④까지
되고 나면 흑의 불만
이다. A와 B가 맞보기
라 귀가 살아 있고 변
도 안정을 취했기 때
문이다.

싸바르는 맥

● 흑 차례

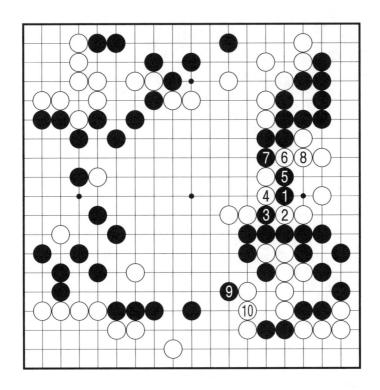

[9형]에서 조금 더 진행된 국면이다. 흑이 두 점을 키 워서 죽인 것이 재미있는 수법으로 교묘하게 백을 자충 으로 유도하고 있다. 상변의 백도 아직 완성이 아니라 주위에 흑돌이 오면 살아야 한다.

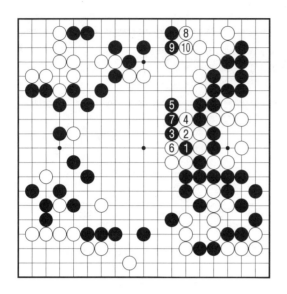

그림1(정해)

흑❶로 끊고 ❺까지 백을 씌우는 것이 멋진 맥. 백은 앞에서도 밝혔듯이 상변을 살려야 한다(백이 손을 빼면 흑이 10의 곳에 두어 죽는다). 여기까지는 1차 공격으로 아직 효과가 눈에 보이지 않는데….

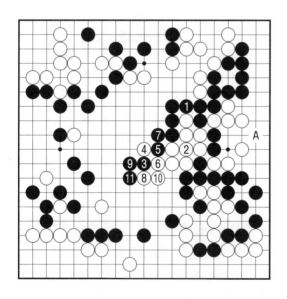

그림2(2차 공습)

앞그림에 이어서 흑❶은 당연한 선수. 흑❸이 공격의 급소로 ⑪까지의 진행은 필연이다. 흑은 공격의 결과로 중앙을 크게 장악해서 필승의 국면. 게다가 백은 A로 살아야 하므로 선수도 흑의 차지가 된다.

가장 확실한 공격법

공격

11

백 차례

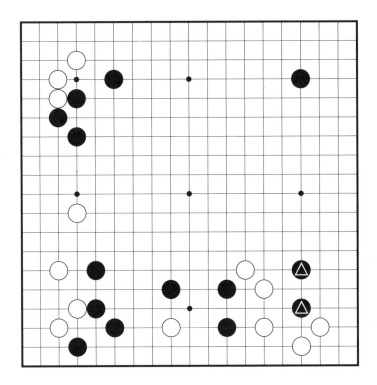

하변은 흑의 차지가 되었다. 백은 우하귀의 흑▲ 두 점을 공격해서 대가를 구해야 한다. 그러나 흑의 자세가 높아서 쉽지가 않다. 공격의 대가로 우변을 선점하면 확실한 결과이다.

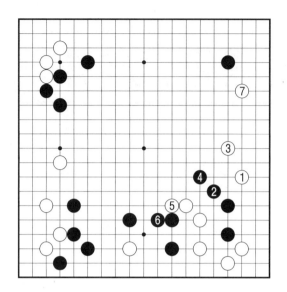

그림1(정해)

백①로 상대의 턱밑까지 육박하는 것이 강력한 수단. 흑의 중앙 탈출을 기다려 백⑦까지 변을 차지하면 활발한 모습이다. 아직 흑말에 대한 공격의 여지가 남아 있는 것도 백의 즐거움.

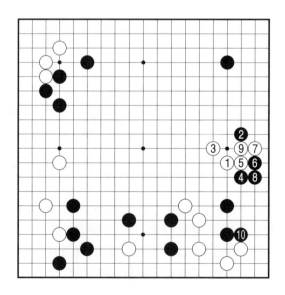

그림2(실속이 없다)

백①의 공격도 쉽게 생각할 수 있는 점. 그러나 흑❷로 다가서면 응수가 만만치 않다. 백③이 형태상의 급소이나 흑❿까지 살면 실속은 흑이 챙긴 모습으로 확실치가 않은 결과이다.

형태상의 급소

● 흑 차례

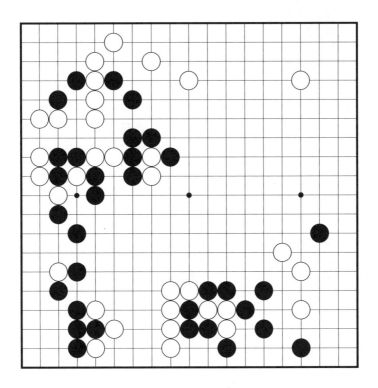

집으로는 흑이 약간 밀리는 형세이다. 형세를 반전시키기 위해서는 하변 백을 공격해서 최대한 이득을 보아야한다. 형태상의 급소 한 방이면 백의 근거에 적신호가 켜질 수 있다.

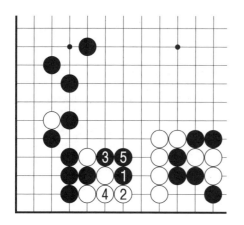

그림1(정해)

흑❶의 껴붙임이 형태상의 급소로 백의 응수가 어려운 장면이다. 백②는 굴복처럼 보이지만 정수. 흑❺로 이으면 백이 미생이라 중앙의 두터움을 최대한 활용할 수 있다.

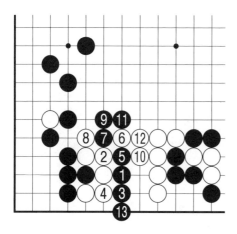

그림2(백, 무리)

흑❶에 대해서는 백②·④가 최강의 반발이지만 흑❺·❼로 끊는 무식한(?) 수가 있어서 백이 안 된다. 백⑩으로 수를 줄여도 흑❸이 수상전의 맥점으로 백 일단을 잡을 수 있다.

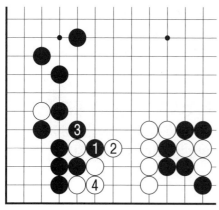

그림3(무책)

흑❶로 단수치는 것은 책략이 전혀 없는 수. 백②로 같이 단수를 친 후 ④에 이으면 완생의 형태이다. 백이 살면 중앙 두터움은 값어치가 떨어진다.

단순함을 피해서

공격

13

● 흑 차례

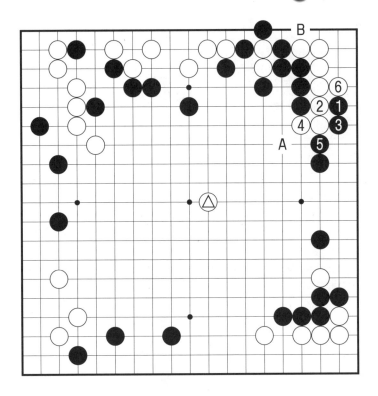

중앙에 백△가 있어서 세력을 펼치기는 어렵다. 그래서 흑도 ❶의 치중부터 실리를 차지하며 백을 공격한 모습이다. 백⑥ 때가 작전의 기로이다. 흑A는 백B로 싱겁고 흑B는 백A로 불확실하다. 백의 태도를 물어 돌의 방향을 정하는 것이 고급 전술이다.

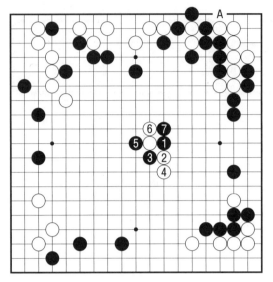

그림1(정해)

흑❶로 붙여서 백의 응수를 묻는 것이 능동적인 착상. 백②로 젖히면 흑❸으로 끊어서 싸운다. 흑A로 젖혀서 백을 잡으러 가는 수가 있으므로 중앙 전투는 흑이 유리하다.

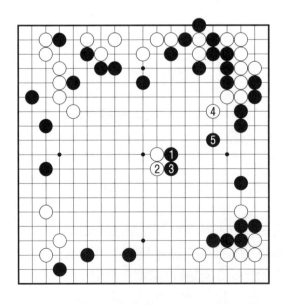

그림2(흑, 충분)

흑❶ 때 백②는 간명을 기한 수. 그러나 흑❸으로 우변이 커진다. 아직도 우상귀에 맛이 있고 중앙도 급하므로 우변은 집으로 굳어질 공산이 크다.

집요한 추궁

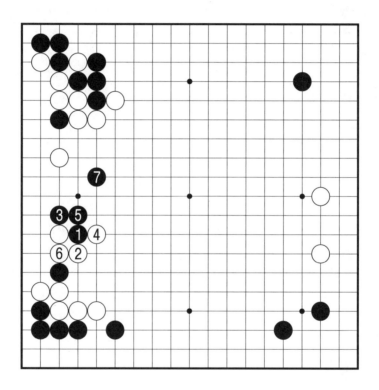

흑❶은 가벼운 응수 타진. 그러나 백②가 의외의 강수로 몸싸움이 불가피하다. 흑❼이 멋진 행마로 백의 작전 실패로 보이지만 아직 속단하기는 이르다. 흑의 형태를 무너뜨리는 것이 급선무.

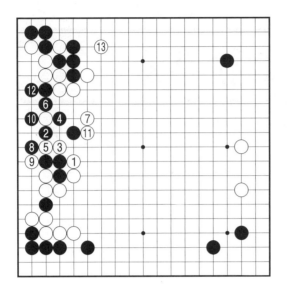

그림1(정해)

백①·③이 최강의 공격. 흑❹ 이하 ⓬까지 삶을 도모하지만 초반에 쌈지를 뜨고 살아서는 매우 불리한 모습이다. 백은 그 동안 흑 석점을 취하고 중앙에 막대한 세력을 형성해서 성공.

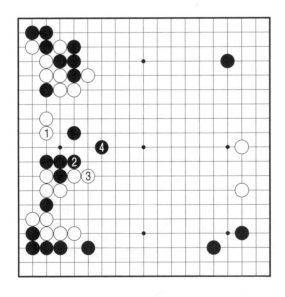

그림2(실패)

백①도 급소지만 흑❷의 선수가 아프다. 흑의 근거를 빼앗았지만 흑❹로 뛰어나가면 공격이 불가능하다.

기세의 반발 이후

● 흑 차례

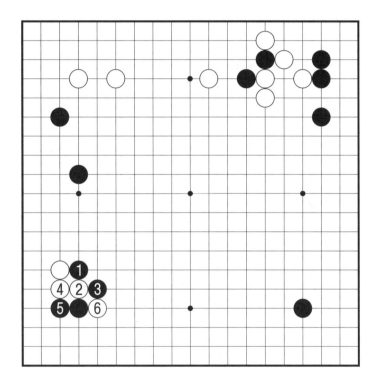

흑❶의 의도는 백이 젖히면 4의 곳에 호구쳐서 막으려는 것이다. 백②는 축이 유리할 경우 가능한 반발. 흑도 ❺로 막은 수가 최강의 대응으로 한바탕 전투가 불가피하다.

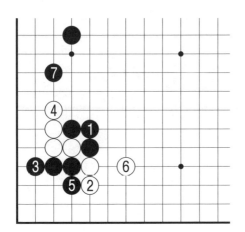

그림1(정해)

흑**1**로 잇는 수가 최선. 백②면 흑**3**으로 빠진 다음 **5**로 막아서 귀를 돌본다. 백이 ⑥으로 보강하면 흑**7**의 공격이 통렬하다. 백⑥으로 두지 않고 7로 둔다면 흑은 6의 곳이 급소이다.

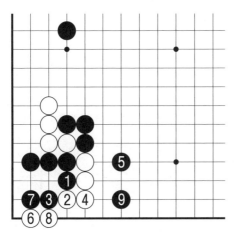

그림2(백, 수 부족)

흑**1** 때 백②·④로 젖혀 잇는 수는 무리. 흑**5**가 기민한 강습. 백⑥이 족보에 있는 맥이지만 흑**7**로 참은 다음 **9**로 씌우면 수상전은 흑의 승리가 된다.

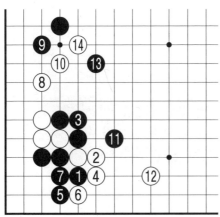

그림3(별 무신통)

흑**1**을 선수하고 **3**으로 잇는 수는 백도 여유가 생겨서 싸울 수 있는 모습이다. 백⑧을 둘 수 있는 것이 정해와의 차이점. 백⑭로 나가면 별로 시달리지 않을 모양이다.

공격은 날일자로

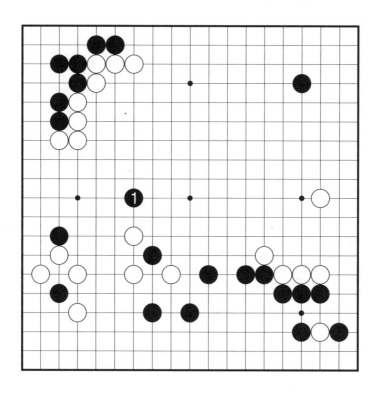

○ 백 차례

흑❶은 승부수. 흑의 기세가 대단해서 공격을 감행해야
할지, 변을 지켜야 할지 어려운 장면이다. 형세 판단도
중요하지만 공격이 가능한가를 살펴야 한다.

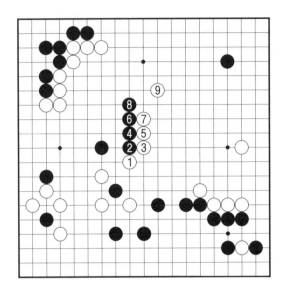

그림1(정해)

백①의 날일자가 자신의 모양을 정비하며 흑의 퇴로를 차단하는 좋은 수. 계속해서 백⑨까지는 필연. 잡는다는 보장이 없지만 살기는 더욱 어려운 모습이다. 설사 살더라도 제2의 세력이 형성돼서 충분.

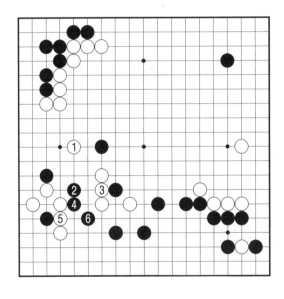

그림2(백, 나약)

백①로 받은 수는 집으로 자신하는 수. 그러나 흑❷가 교묘한 수로 만만치 않은 모습이다. 흑❻까지 우변을 도려내면 흑이 유리한 결과이다.

장대한 스케일

백 차례

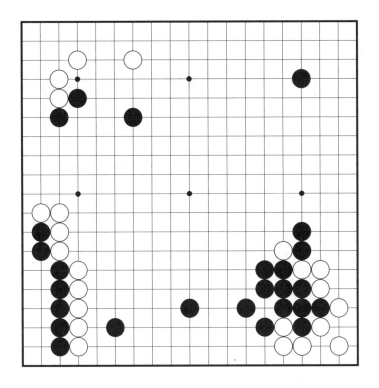

좌하 쪽 백은 두터운 말이지만 방치하면 부담으로 전
락할 수가 있다. 지금이 보강할 타이밍. 옹졸한 생각은
버리고 흑의 두터움을 지우며 좌상 쪽의 흑 석 점을 은
근히 노린다.

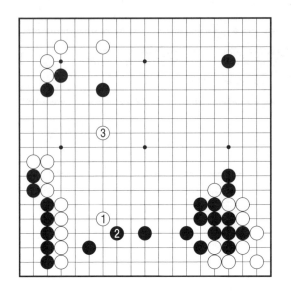

그림1(정해)

백①을 선수하고 ③으로 흑을 공격하는 것이 멋진 감각이다. 공격을 하며 흑의 세력을 지우면 충분. 그리고 백의 살집도 제법 붙는 모습이다.

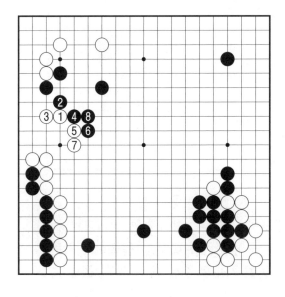

그림2(실패)

백①은 자신의 말을 돌보면서 공격을 하려는 의도이나 전체를 보지 못하고 부분에 치우친 수이다. 흑❽까지 처리하면 두터움을 살릴 수가 있어서 흑이 유리한 갈림이다.

적의 급소는 나의 급소

● 흑 차례

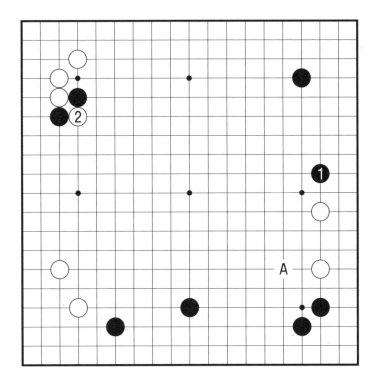

흑❶의 다가섬은 놓칠 수 없는 큰 곳. 백은 A로 지키는 것이 정수이나 ②로 끊어서 버틴 장면이다. 백이 손을 뺐으므로 당연히 선공을 취해야 한다.

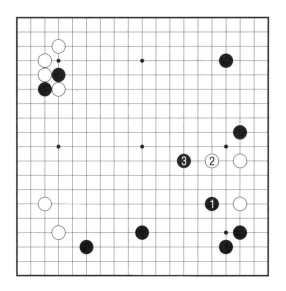

그림1(정해)

흑❶이 피차간의 급소
이다. 백②에는 흑❸
으로 재차 씌우는 것이
시원스런 공격. 백이
벗어나려고 하면 할수
록 흑의 두터움은 커진
다. 그렇다고 달리 방
도가 있는 것도 아니므
로 흑의 성공이다.

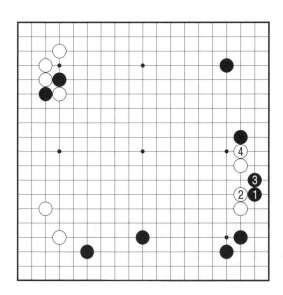

그림2(성급한 공격)

하급자는 공격을 잡으
러 가는 것이라고 생각
하지만 실제 그런 경우
는 드물다. 흑❶로 백
의 근거를 빼앗으려 해
도 백④의 치받음이
있어서 성과를 거두기
어렵다.

뻗는 방향

● 흑 차례

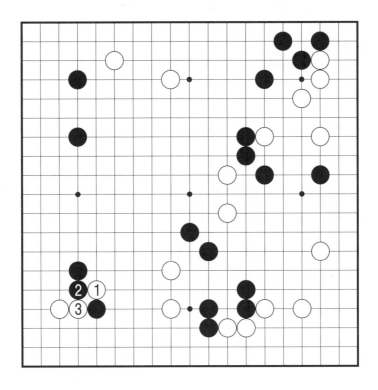

백①·③은 싸움을 하면서 수습하려는 강력한 수법. 흑은 일단 한 점을 느는 것이 보통의 착상인데, 방향을 정해야 한다. 선악은 여기서 결정된다.

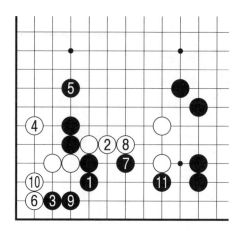

그림1(정해)

흑❶로 뻗는 것이 보통의 행마이다. 백⑩까지는 하나의 틀이라 할 수 있는 수순으로 실전에서도 빈번히 등장한다. 흑⓫로 넘으면 주위가 강해서 일방적인 공세가 예상된다.

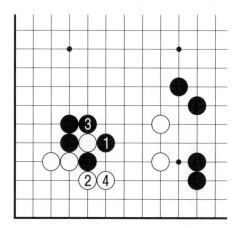

그림2(백, 안정)

흑❶의 단수에는 백②·④로 넘기만 해도 충분하다. 빵때림이 쓸모가 없기 때문이다. 백②로는 축이 유리하므로 3으로 나가서 싸우는 것도 강력하다.

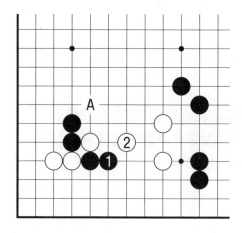

그림3(방향 착오)

흑❶로 뻗는 것은 방향 착오. 백②나 A로 씌우는 것이 맥점으로 마땅한 대응책이 없다. 백을 갈라서 하변을 취하는 것은 백도 좌변을 제압해서 충분하다.

의도를 거부한 역습

● 흑 차례

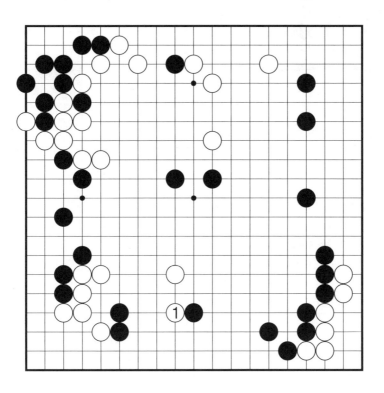

백①의 붙임은 흑집을 납작하게 하려는 의도이다. 이러한 의도를 알면서도 대책을 세우지 않으면 기력 향상을 기대할 수 없다. 세력을 집으로 굳힌다면 두 점은 작게 버릴 수도 있다.

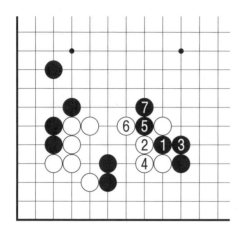

그림1(정해)

흑❶의 끼움이 강력한 반발. 백②로 단수하면 하변의 두 점은 백의 수중에 들어가지만 흑❼까지 세력을 전부 집으로 만든다면 우세한 갈림이다. 항상 전체를 보는 안목이 필요한 것이다.

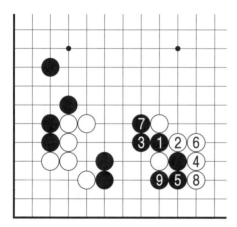

그림2(백의 반발)

흑❶에는 백도 ②로 반발하는 것이 기세이다. 흑❾까지는 필연의 진행으로 최선이다. 흑은 세력이 깨졌지만 백 전체를 공격해서 대가를 구하면 된다.

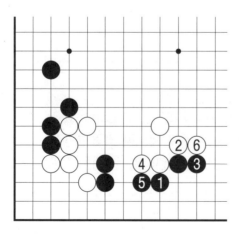

그림3(백의 의도)

흑❶로 받는 것은 백의 책략에 장단을 맞추어 준 수. 백⑥까지 흑을 압박하며 세력을 지우면 백이 우세한 모습이다. **그림2**와 비교해서 집은 약간 크지만 미생마가 없으므로 흑의 손해이다.

끊는 방향

● 흑 차례

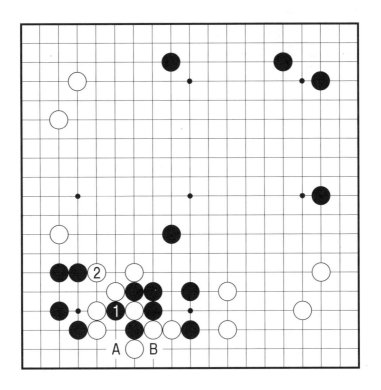

흑❶로 때리자 백②로 호구쳐서 중앙을 보강한 장면이
다. 흑은 하변을 공략해야 하는데, A로 젖혀서 끊을 것
인가, 아니면 B로 끊어서 차단할 것인가가 문제이다.

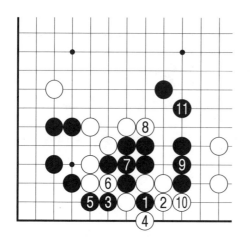

그림1(정해)

흑❶의 끊음이 정수이다. 흑의 노림이 중앙의 백 일단이라면 이렇게 반대편을 끊는 것이 기리에 맞는 수. 흑⓫까지 귀를 강화하면서 백을 공격하면 주도권을 잡을 수가 있다.

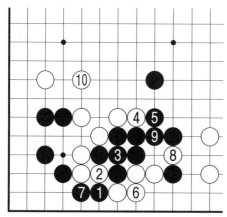

그림2(백, 이득)

흑❶로 젖혀도 차단은 할 수가 있다. 그러나 백④가 좋은 타이밍으로 흑의 모양이 다소 뭉쳤다. **그림1**과 비교하면 흑의 손해임을 알 수 있다.

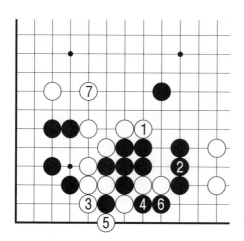

그림3(흑, 망함)

백이 ①로 밀 때 흑❷의 쌍립으로 모양을 갖추면 이제는 백③으로 한 점을 잡는다. 백⑦로 보강하면 공격은 고사하고 귀를 돌봐야 하는 것이 흑의 처지이다.

씌움의 성립 여부

● 흑 차례

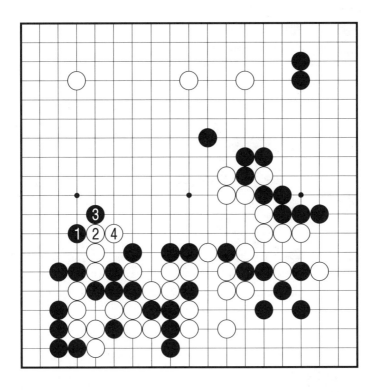

지금 형세는 확정가가 많은 흑이 유리하다. 백②·④는
비세를 의식한 승부수로 중앙의 흑 일단을 노리고 있다.
그러나 흑은 지금이 승세를 굳힐 찬스로 어떻게든 씌우
고 싶은 곳인데…

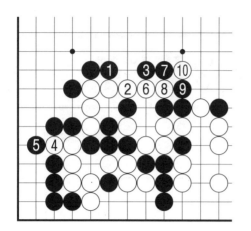

그림1(정해)

흑❶로 민 다음 ❸으로 씌우는 것이 강수. 흑의 포위망이 약해 보이지만 백도 뒷수가 없어서 뚫기는 역부족이다. 백⑩까지는 필연의 진행으로 흑이 죽은 모습이지만….

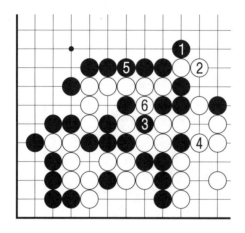

그림2(사석작전)

앞그림에 이어서 흑❶로 단수한 후 ❺까지 선수로 싸바르는 것이 두터운 사석작전. 이후 좌상귀에 걸치면 흑 필승의 국면.

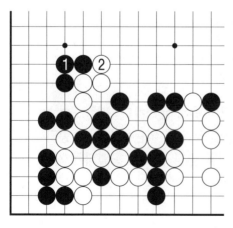

그림3(무책)

흑❶로 잇는 것은 견실하지만 책략이 부족한 수. 백②로 꼬부리며 전투를 벌이면 형세는 흑이 유리하지만 승리를 단정하기는 이르다. 유리한 바둑을 지키는 것이 어렵다고 했던가?

깨끗한 봉쇄

● 흑 차례

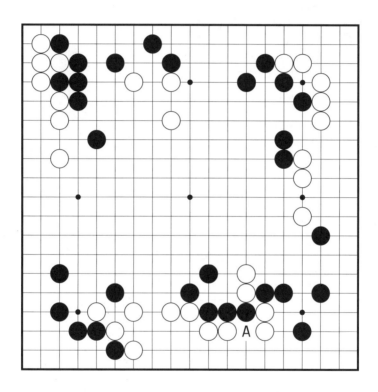

하변 백진을 공략해서 중앙을 깨끗하게 틀어막는 것이
목적이다. 단순하게 봉쇄하면 뒷맛이 고약할 수가 있으
므로 A의 단점을 부각시키며 백진을 공략해야 한다.

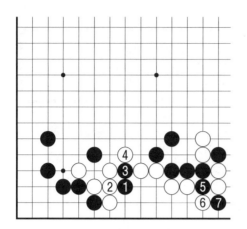

그림1(정해)

흑❶의 치중이 좋은 응수 타진. 백②로 잇고 버티면 이하 흑❼까지 오른쪽 두 점을 잡을 수 있다. 그렇다고 백②로 3의 자리에 이으면 흑에게 2의 곳을 당해서 손해가 크다.

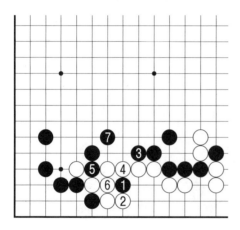

그림2(최선)

흑❶에는 백②가 최선의 응수이다. 백②면 하변은 공략할 수는 없지만 흑❸·❺가 좋은 수순으로 ❼까지 중앙을 깨끗하게 봉쇄할 수 있다.

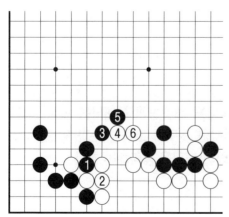

그림3(단순)

흑❶로 끊어서 이득을 취하는 것은 단순한 수. 백⑥까지면 봉쇄하기가 어려워진다. 흑❸으로 ④의 자리에 씌우는 수가 보이지만 백에게 3으로 건너붙이는 수가 있어서 뒷맛이 남는다.

치밀한 수읽기를 바탕으로

⚫ 흑 차례

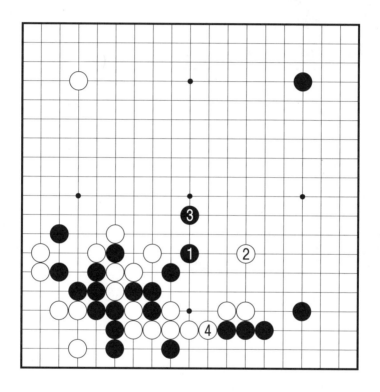

흑❶ 이하 백④까지 중앙은 일단 마무리가 되었다. 흑은 이제 좌하 쪽 말을 돌봐야 하는데, 귀의 약점을 노려서 대세를 휘어잡을 수 있다. 귀에서 단서를 구하는 것이 중요하다.

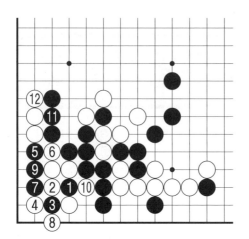

그림1(정해)

흑❶로 끼운 다음 ❸으로 끊는 수가 생각하기 어려운 강수. 백④로 잡으면 백⑫까지는 필연의 진행으로 변화의 여지가 없다. 백④로 ⑥에 보강하면 흑이 4의 곳에 늘어서 패를 하는 수가 있다.

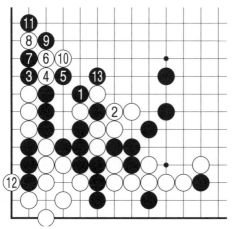

그림2(주도권)

앞그림에 이어서 흑❶을 선수하고 ❸으로 젖히는 것이 강수. 흑⓭까지는 필연의 진행으로 백이 어려운 싸움이다.

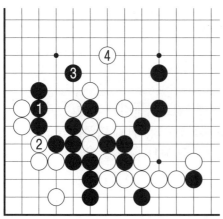

그림3(보통)

흑❶로 보강하고 ❸으로 선공을 취할 수도 있다. 하지만 백④로 달아나면 흑도 미생이므로 충분히 싸울 수 있는 모습이다.

견실한 지킴

백 차례

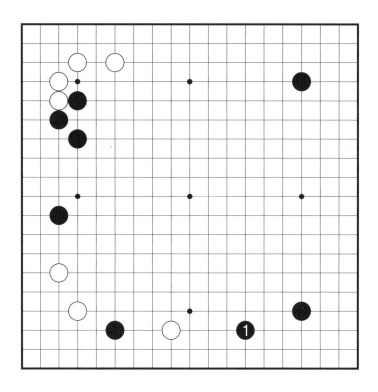

흑❶로 귀를 굳히면 하변에서의 전투는 당연하다. 백은
좌하귀를 지키는 것이 우선으로 그 방법을 묻고 있다.
엷은 선수보다는 두터운 후수가 힘을 발휘하는 법이다.

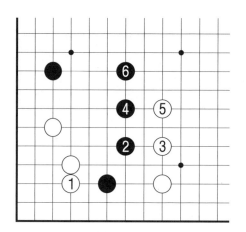

그림1(정해)

백①로 지키는 것이 두터운 수. 흑❻까지는 보통의 진행으로 호각의 갈림이다. 백①은 발이 느리지만 귀를 확실히 지키고 흑에게 리듬을 주지 않는 장점이 있다.

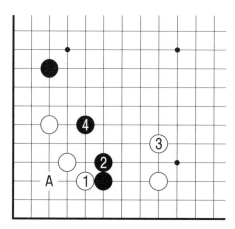

그림2(백, 엷음)

백①은 흑을 무겁게 해서 공격을 하려는 수. 그러나 지금은 흑을 강화시켜 준 악수이다. 흑❹로 씌우면 A의 단점이 남아서 보강이 필요하다. 따라서 공격은 더 이상 생각하기 어려운 모습.

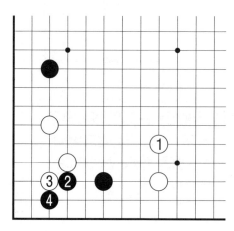

그림3(흑, 수습)

귀를 지키지 않고 백①로 뛰어서 크게 공격하려는 것은 실속이 없다. 흑❷·❹가 수습의 맥으로 쉽게 안정을 할 수가 있기 때문이다.

상식을 초월한 강수

● 흑 차례

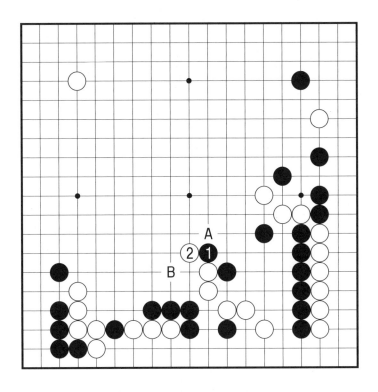

흑❶ 때 백②의 젖힘은 흑A, 백B를 기대한 수이다. 그러나 그것은 일반적인 생각이다. 끝까지 수읽기를 하기는 힘들지만 이런 수가 있음은 알아두어야 할 것이다.

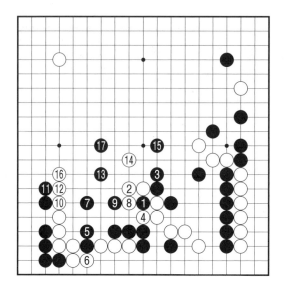

그림1(정해)

흑❶이 수상전을 각오한 최강의 공격. 이후의 변화는 매우 난해하지만 흑이 불리할 수는 없다. 흑⓱까지는 하나의 예상도인데, 흑이 절대적으로 유리하다.

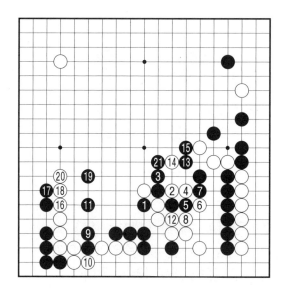

그림2(흑, 유리)

흑❶ 때 백②로 끊는 변화이다. 흑㉑까지 흑이 매우 유리한 형세이다. 끝까지 수를 읽기는 불가능하지만 흑❶과 같은 수가 있음을 간과해서는 안 된다.

공격

최선의 지킴

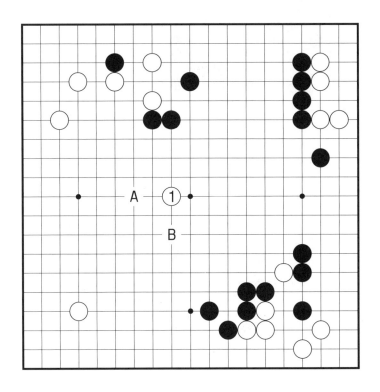● 흑 차례

이 문제는 공격이라기보다는 집을 최대한 지키는 문제
라 할 수 있다. 흑A면 백B, 흑B면 백A로 공격이 어렵
기 때문이다. 그러나 평범한 방법으로는 중앙을 지키
지 못한다.

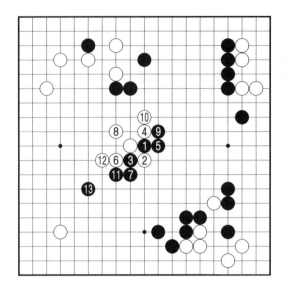

그림1(정해)

흑❶의 붙임이 격렬한 수법. 백이 젖히면 단호히 끊는다. 흑⓭까지 백을 압박하며 집을 최대한 지키면 백의 실리에 대항할 수 있다.

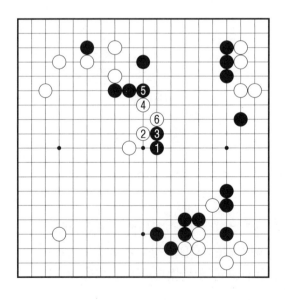

그림2(실패)

보통은 흑❶로 지키는 것이 순리. 그러나 백⑥까지 세력을 온전히 지킬 수 없다. 이렇게 뚫리면 집 부족은 뻔한 일이다.

우직한 강수

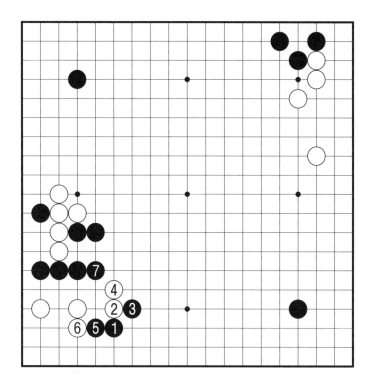

흑❶은 귀를 공략해서 형태를 정비하려는 적극적인
수. 흑❼까지는 일반적인 진행으로 다음 작전이 보기
보다 어렵다. 확실한 공격이 가능하다면 손해를 감수하
더라도 결행해야 한다.

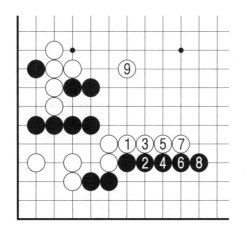

그림1(정해)

백①이 생각하기 어려운 수. 보통은 손해가 크기 때문인데 지금은 백⑨의 씌움이면 흑이 곤란하다. 보통은 악수라도 경우에 따라서는 유용하게 쓰일 때가 있으므로 생각이 열려 있어야 한다.

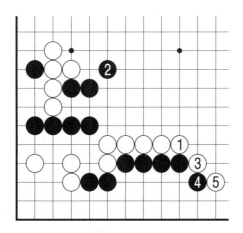

그림2(흑, 어려움)

백① 때 흑❷로 대마를 살리면 이번에는 하변에서 당하게 된다. 백③·⑤의 이단젖힘이 강수로 하변을 쑥대밭으로 만들 수가 있다. 흑❷와 백③의 자리가 맞보기인 셈이다.

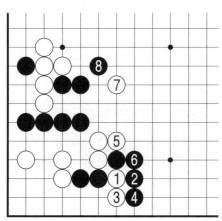

그림3(별 무신통)

백①·③은 두 점을 사석으로 해서 끊기는 단점을 없애고 ⑤를 선수하려는 것이나 별 위력이 없다. 백⑦로 씌워도 흑❽로 달아나면 변의 백도 약한 모양이라 공격을 기대하기 어렵다.

강인한 젖힘

백 차례

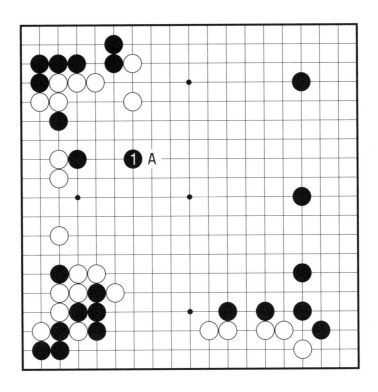

흑❶의 삭감은 약간 깊은 감이 있다. 이 수로는 A가 적절한 자리로 백도 응수하기가 까다롭다. 일단은 모자가 제일감이지만 효능을 검증해야 한다. 기분을 내는 것과 실속과는 무관하다.

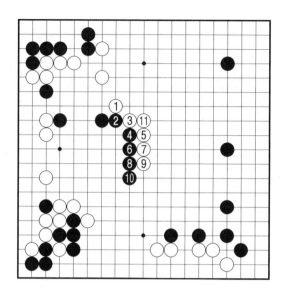

그림1(정해)

백① 이하 ⑤까지 퇴로를 차단하는 것이 강수. 백⑪까지 막강한 외세를 쌓아서 성과를 거둔 모습이다. 흑은 여전히 미생이고 우변 3연성의 위력도 볼품없게 만든 것이 백의 자랑이다.

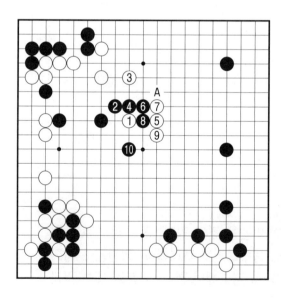

그림2(기분만 냄)

백①의 모자는 제일감이지만 실속이 없다. 흑⑩까지 안정을 취하면 쉽게 수습이 된 형태이고, 중앙 백 석 점도 A로 차단당하는 수가 있어서 백이 불리한 결말이다.

5년 전 신수

● 흑 차례

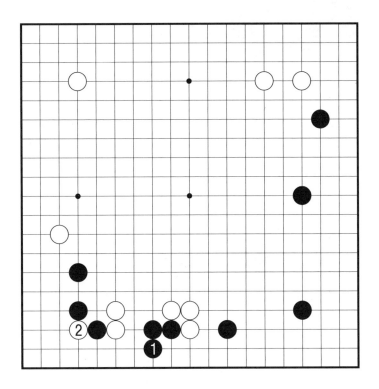

흑❶은 빈삼각이지만 좌우의 연결을 맞보는 맥점이다.
백②가 재미있는 수로 흑의 응수를 묻고 있다. 이 형태
는 1995년에 생긴 신수인데, 흑의 다음 한 수가 중요
하다.

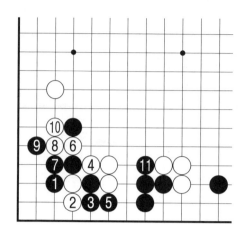

그림1(정해)

흑❶로 단수하는 것이 정수. 백④부터 ⑩까지의 돌파가 아프지만 흑도 ⑪로 백 석 점을 차단하면 충분하다.

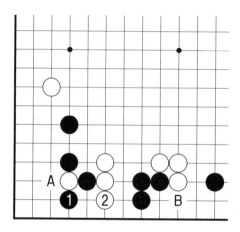

그림2(방향 착오)

흑❶의 단수는 잘못된 방향. 백②로 가만히 내려서면 A와 B가 맞보기라 흑이 걸린 모습이다.

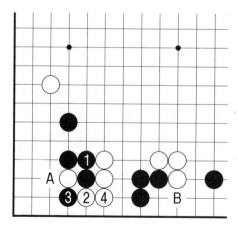

그림3(같은 결과)

흑❶로 잇는 수도 좋지 않다. 백②로 젖힌 다음 ④로 이으면 A와 B가 맞보기라 **그림2**와 같은 결과라 할 수 있다.

대규모 사석작전

● 흑 차례

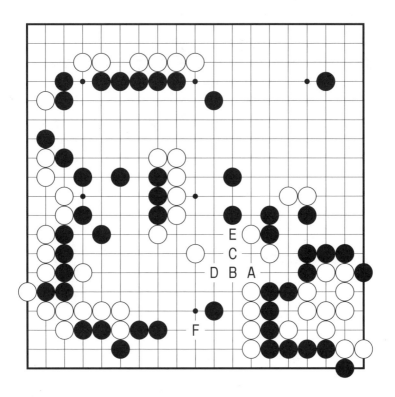

흑A 이하 알파벳순으로 백F까지의 진행은 흑으로선 별 재미가 없다. 문제에서 요구하는 것은 흑B로 백을 차단 해서 공격할 수 있느냐는 것이다. 그 과정에서 우하 쪽 흑을 희생할 수도 있다.

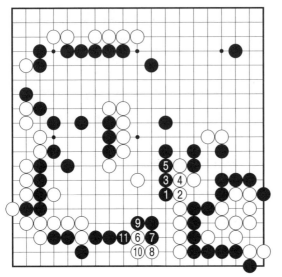

그림1(정해)

일단 흑❶ 이하 ❺까지 백을 차단하는 것이 강수이다. 백⑥으로 수를 늘리는 것은 당연한데, 흑⓫까지 두텁게 수를 메우는 것이 좋다. 흑의 의도가 서서히 모습을 나타낸다.

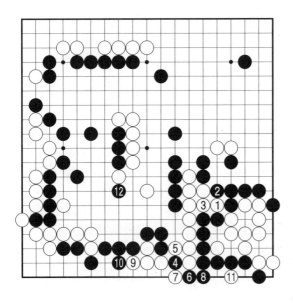

그림2(정해 계속)

앞그림에 이어서 백은 ①로 끊는 수밖에 없다. 흑❹·❻이 좋은 수순으로 수상전은 백이 한수 빠르지만 흑은 뒷공배를 선수로 메울 수가 있다. 흑⓬의 공격이면 중앙 백은 살기 힘들고 우변도 커져서 우세.

피할 수 없는 싸움

● 흑 차례

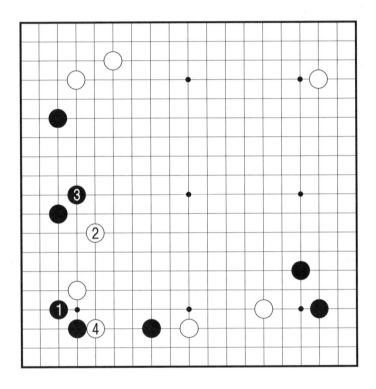

흑❶은 실리를 차지하며 백을 공격하려는 수. 백②가 재미있는 수법으로 흑❸과 교환한 후 백④에 붙이려는 의도이다. 흑은 지금까지 견고하게 두었지만 더 이상 싸움을 피할 수는 없다.

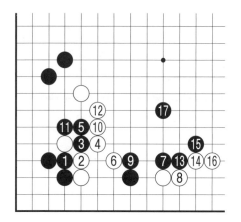

그림1(정해)

흑❶ · ❸으로 끊는 것이 기세. 하변의 한 점이 고립되지만 흑❼ · ❾가 좋은 수순으로 충분히 싸울 수 있는 모양이다. 흑⓱로 자세를 잡으면 백보다는 흑의 모양이 활동적이다.

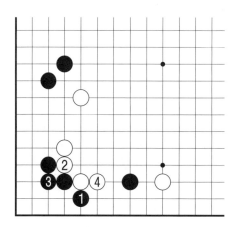

그림2(나약)

흑❶로 연결을 도모하는 것은 약한 수이다. 자신의 돌이 많은 곳에서 이렇게 굴복한다면 이길 수 없다. 연결하는 동안 중앙을 봉쇄당하면 크게 망한 모습이다.

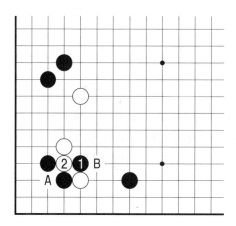

그림3(흑, 무리)

흑❶로 젖혀서 백을 끊으려고 하는 것은 무리. 백②면 A로 단수해서 귀를 차지하는 것과 B의 축이 맞보기라 손해만 입게 된다.

공격

33

튼튼한 그물

백 차례

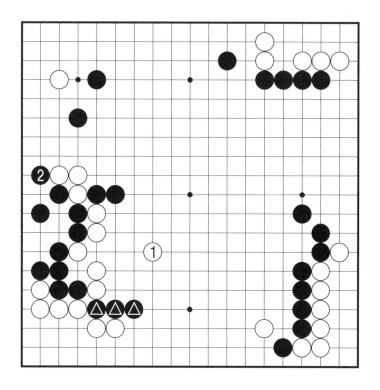

백①로 달아나면 흑❷의 젖힘은 놓칠 수 없는 곳이다. 백은 이제 흑⚫ 석 점을 공격해서 중앙 백을 안정시켜야 한다. 일단 가두고 싶은데, 포위망이 엷으면 도망갈 우려가 있다.

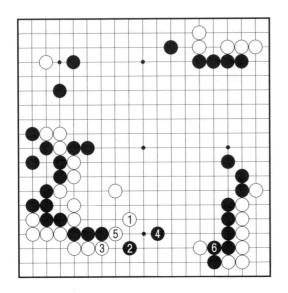

그림1(정해)

백①로 중앙을 중시해서 씌울 곳이다. 이렇게 씌워도 흑 석 점은 움직이기 어렵다. 흑도 ❷ · ❹의 변신이 좋은 수법으로 쌍방 불만이 없는 호각의 결과이다.

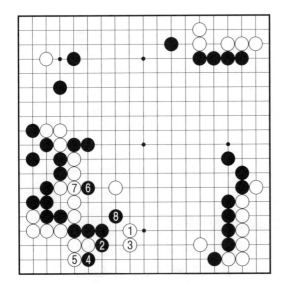

그림2(흑, 탈출)

백①의 씌움이 보통이지만 중앙이 엷다. 흑 ❷ · ❹로 차단을 한 다음 ❻을 선수하고 ❽로 머리를 내밀면 봉쇄하는 수단이 없다. 백은 미생마가 되어 검은 파도 위를 헤엄쳐야 하는 것이 괴롭다.

체면을 살리는 길

● 흑 차례

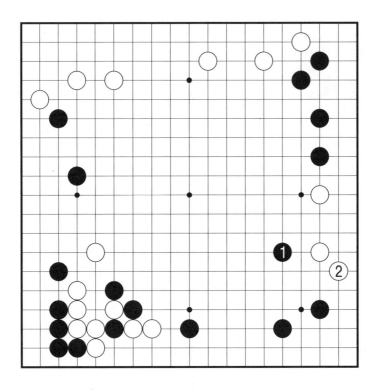

흑❶은 시원한 착점이나 백②로 받으니 집으로 손해이
고 다음 착점도 마땅치 않다. 흑❶의 체면을 살리기 위
해서는 하변을 키워야 하는데, 좌하 쪽 백이 눈에 들어
온다.

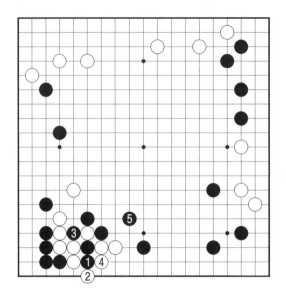

그림1(정해)

흑**1**·**3**을 선수한 후 **5**로 씌우는 것이 재미있는 공격. 백은 손을 빼자니 흑이 두 점을 이으면 곤란하고, 그렇다고 두 점을 따내면 그 자체로 활용을 당한 모양이다.

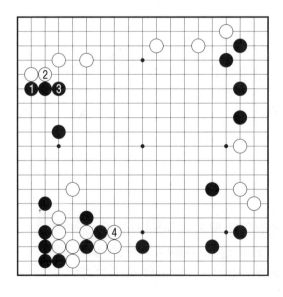

그림2(실패)

흑**1**의 곳도 크기로만 따지면 상당한 곳이다. 그러나 백④로 지키는 것이 두터운 수로 **그림 1**의 수단을 방비하며 흑의 모양을 견제한다. 하변 흑 모양은 이제 겁날 것이 없다.

호쾌한 공격

● 흑 차례

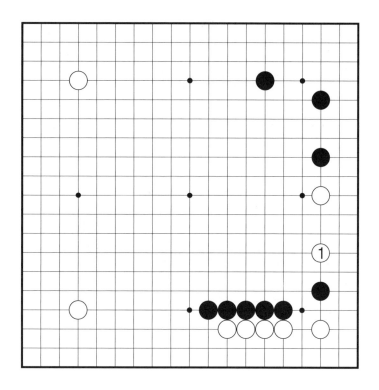

백①의 벌림은 당연한 곳이다. 흑은 공격을 해서 주도권을 잡을 수도 있고, 상변에 큰 모양을 건설할 수도 있다. 어느 것이 우선인가는 결과가 말을 해 준다.

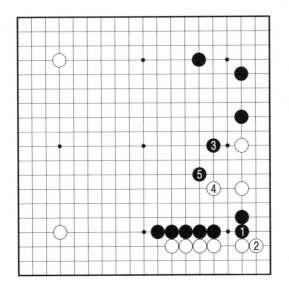

그림1(정해)

흑❶을 선수한 다음 ❸으로 씌우는 것이 호쾌한 공격. 백④에는 흑❺로 씌워서 봉쇄가 가능한 모습이다. 공격을 해서 이득을 취한 다음 상변에 모양을 건설해도 늦지 않다.

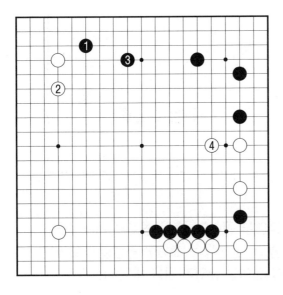

그림2(대세점)

흑❶·❸으로 상변을 키우는 것은 소극적인 착상. 백④가 대세점으로 이 말이 안정이 되면 상변 흑 모양은 큰 위력을 발휘하지 못한다.

끊으면 뻗어라

⚫ 흑 차례

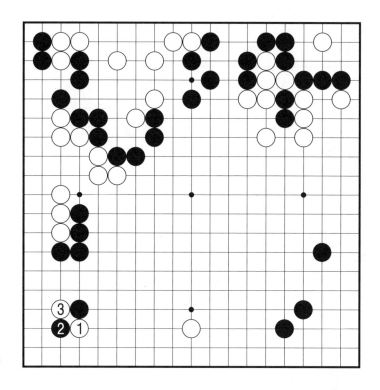

상대방이 끊으면 어느 한쪽을 뻗는 것이 상식적인 응수
법이다. 그러나 뻗는 돌을 가려야 하고 방향도 정해야 하
므로 말처럼 쉬운 것은 아니다.

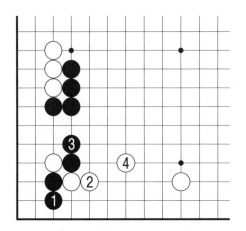

그림1(정해)

흑❶의 뻗음이 강수. 귀를 크게 지켜서 흑이 유리한 갈림이다. 이는 문제도에서 백의 수단이 약간 무리였기 때문이다.

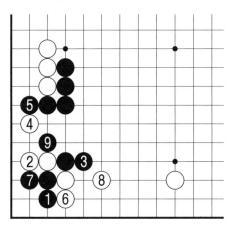

그림2(백, 무리)

흑❶ 때 백②로 느는 수가 강수지만 성립하지 않는다. 흑❸이 좋은 수로 ❾까지 수상전은 흑이 한 수 빠른 모양이다.

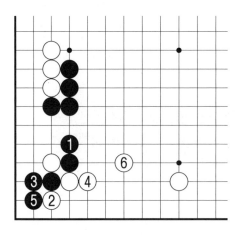

그림3(흑, 중복)

보통은 흑❶로 늘면 두텁다. 그러나 지금은 중복의 형태라 불만이다. 백②·④가 좋은 수순으로 **그림1**과 비교를 하면 우열이 확실히 나타난다.

가장 견고한 말뚝

● 흑 차례

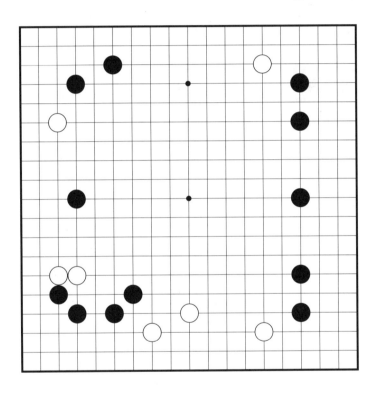

6점 접바둑으로 초점은 좌변. 흑의 입장에서는 변화의 여지를 없애고 견고하게 두어야 한다. 그리고 공격 대상의 덩어리가 작아지면 변신을 꾀할 수가 있으므로 주의해야 한다.

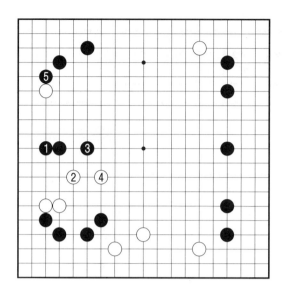

그림1(정해)

흑❶로 상하를 깨끗하게 차단해서 백의 책동을 한정시키는 것이 좋은 수. 백②·④로 아래쪽 말을 수습하면 흑❺의 붙임으로 위쪽을 공격한다.

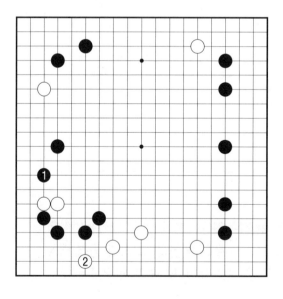

그림2(변신)

흑❶로 직접 공격을 가하는 것은 백 두 점을 잡아도 크기가 작다. 백②로 변신해서 흑의 응수를 묻는 것이 고등전술로 흑은 응수하기가 까다롭다.

기대면서 공격

⚫ 흑 차례

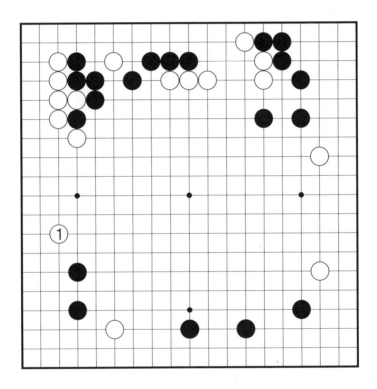

백①은 좌변을 생각해서 이렇게 두고 싶은 곳. 흑은 하변의 한 점을 공격하는 것이 기세이다. 일단 백을 무겁게 만드는 것이 공격의 기본. 그러나 다음 공격은 생각을 요한다.

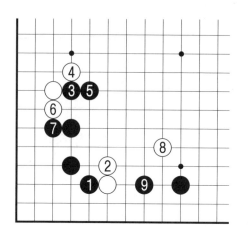

그림1(정해)

흑❶의 모붙임으로 백을 무겁 게 한 다음 ❸으로 붙이는 것 이 정답. 백의 활동에 제한을 가하면서 넓게 공격하려는 것 이다. 흑❼과 ❾가 공격의 효 과. 집을 벌면서 백을 추격하 면 만족.

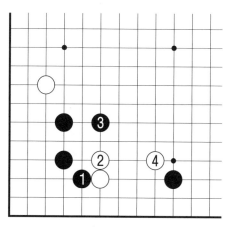

그림2(성급)

흑❶ 이후에 ❸으로 씌우는 수도 공격의 급소. 그러나 백 ④로 어깨를 짚으며 탈출하면 아직 불확실하다. 귀가 아직 비어 있으므로 중앙에서 큰 이득을 봐야 하는데, 그것은 흑의 희망 사항.

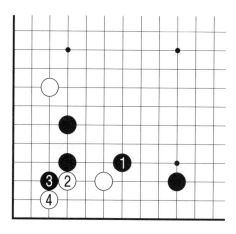

그림3(백, 수습)

흑❶로 씌우는 것은 나쁘다 고 할 수는 없지만 좋은 감각 은 아니다. 백②·④가 수습 의 맥으로 어렵지 않게 살 수 있다.

두 칸 벌림에 대한 급소

● 흑 차례

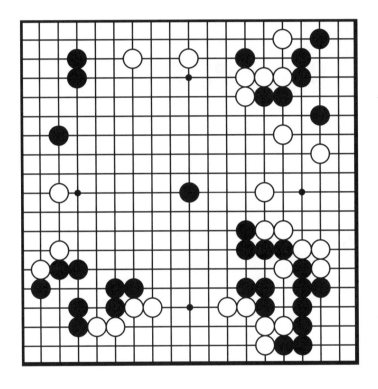

좌변 백 석 점은 두 칸을 전개해서 안정을 취했다고는 하
지만 매우 엷은 형태이다. 근거를 송두리째 빼앗아 급격하
게 공격하는 것이 좋다.

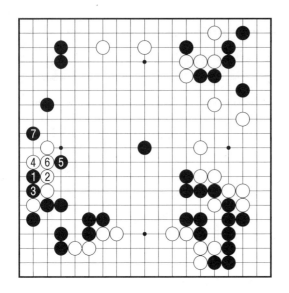

그림1(정해)

흑❶의 치중이 두 칸 벌림에 대한 급소. 백②·④로 모양을 갖추려 하지만 흑❺·❼이면 아주 괴로운 형태이다. 백②로는 달리 두어야 하지만 마땅히 좋은 수가 없다.

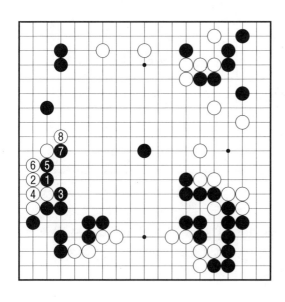

그림2(속맥)

흑❶의 껴붙임도 나름대로 생각이 있는 수. 그러나 백②로 받으면 실속이 없는 모습. 흑❼까지 백을 납작하게 하고 두터움을 형성해서 그럴듯하지만 백⑧의 젖힘에 대책이 없다.

흑 차례

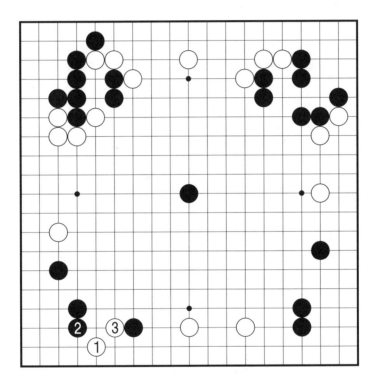

백①은 침입의 급소. 흑❷에 두어 귀를 지키면 백③으로 움직인다. 직접적인 수단만 생각하면 좋은 결과를 이끌어낼 수가 없다. 조금 넓게 볼 필요가 있다.

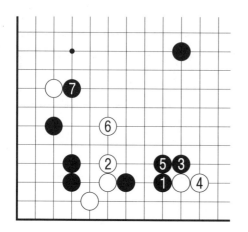

그림1(정해)

흑❶의 붙임이 능률적으로 백을 차단하는 수. 백②로 머리를 내밀면 흑❼까지 크게 공격을 한다. 백②로 3의 자리에 두면 흑은 2의 곳을 젖혀서 침입한 백을 잡는다.

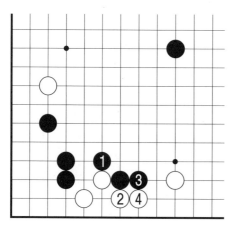

그림2(백의 기대)

흑❶은 백의 의도대로 해 준 수. 백②로 건너가면 소기의 목적을 달성하게 된다. 흑은 중앙을 막았지만 형태가 부실해서 전혀 이득이 없다. 반면 백은 착실하게 집을 차지해서 유리하다.

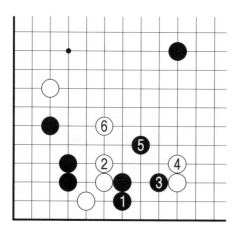

그림3(난전)

흑❶로 직접 차단을 하면 서로 어려운 싸움이 된다. 백도 집이 없지만 흑도 없으므로 흑이 유리하다고 할 수 없다.

형태를 정비하는 요령

백 차례

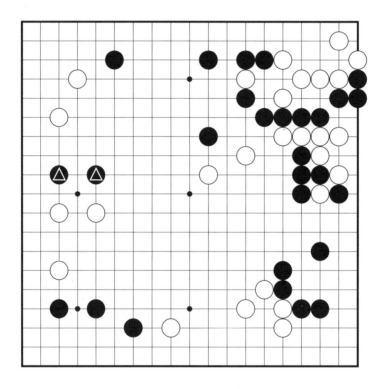

좌변의 흑▲ 두 점이 미생의 형태이나 전체적으로 백이 엷어서 심하게 공격하기는 힘들다. 백은 공격을 하면서 자신의 형태를 정비하는 것이 요령이다.

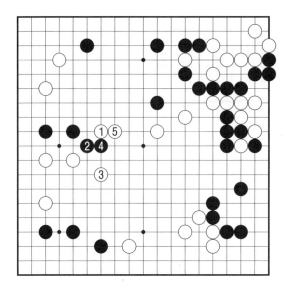

그림1(정해)

백①의 모자가 흑의 행마를 어렵게 하는 수. 흑❷·❹로 백을 갈라야 하지만 발이 느리다. 그동안 백은 ⑤까지 양쪽을 정비하면 된다. 흑은 아직도 백의 울타리 안에 있다.

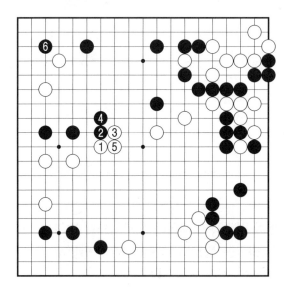

그림2(실패)

백①의 날일자면 중앙을 깨끗하게 정비할 수 있다. 그러나 흑 ❷·❹로 강화되면 ❻의 침입을 당하게 된다. 주위 흑이 강해서 백은 손해를 감수해야 한다.

축 유리를 전제로

⚫ 흑 차례

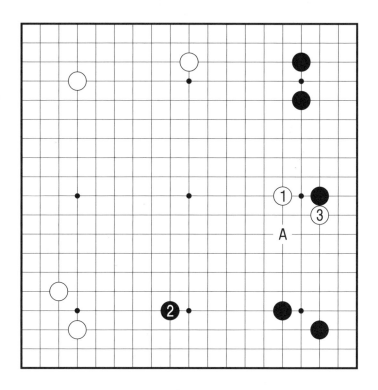

백①은 흑의 모양을 견제하는 상용의 삭감 수단. 이에 대해 흑은 가장 큰 곳인 하변에 날개를 폈다. 흑이 손을 뺐으므로 백③으로 붙이고 싶은데, 흑의 반격이 예상된다. 백③은 A가 정수.

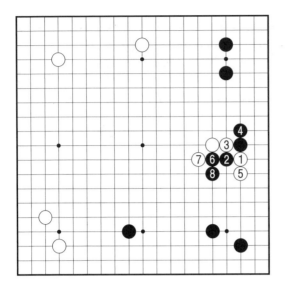

그림1(정해)

흑❷로 젖히는 것이
축 유리를 활용한 강
수. 흑❹로 늘면 백은
양쪽이 바빠서 싸울
수가 없다. 그렇다고
어느 한쪽을 버리면
손해가 너무 크다. 애
초에 백①이 무리임을
알 수 있다.

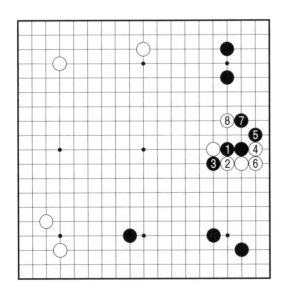

그림2(난전)

흑❶ · ❸으로 끊는 수
도 생각할 수 있다. 그
러나 백④ · ⑥이 행마
의 요령으로 ⑧로 붙
이는 맥이 발생해서
백도 싸울 수 있다. 흑
으로선 정해보다 못한
결과이다.

실전적인 빈삼각

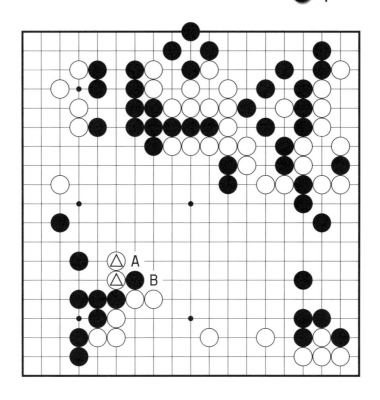

⚫ 흑 차례

흑A나 B로 움직여서 백△ 두 점과 싸우는 문제이다. 방향을 정하는 것은 감각적으로도 해결할 수 있다. 싸우려고 하는 돌을 미는 것은 좋지 않으므로 일단 답은 보인다.

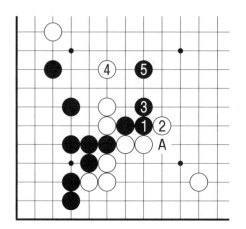

그림1(정해)

흑❶로 밀어서 싸움에 임하는 것이 좋다. 백②에는 흑❸의 빈삼각이 실전적인 수로 장차 A에 끊는 맛을 노리면 흑이 유리한 싸움이다.

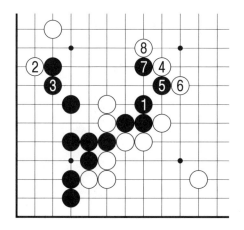

그림2(백의 책략)

흑❶ 때 백②로 응수를 묻는 것이 고등 수법. 중앙을 생각해서 흑❸으로 받아야 하는데 일단 백의 이득이다. 이렇게 되면 두 점은 작게 버리는 것이 현명하다. 백⑧까지는 하나의 예.

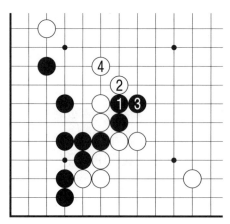

그림3(방향 착오)

흑❶로 미는 수는 방향 착오. 백②·④로 호구하면 모양이 정비된다. 공격하고 싶은 돌을 강화시켜 준 결과로 흑의 작전 실패이다.

공격을 위한 사전 공작

● 흑 차례

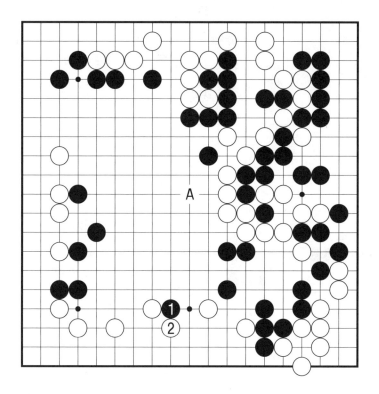

┌ 중앙을 자세히 보면 백 대마가 미생임을 알 수 있다.
흑A로 씌우고 싶은 마음은 굴뚝같지만 확실하지가 않
다. 그래서 흑▲로 붙여 배경을 만들려고 한 장면이다.

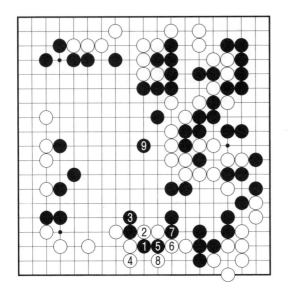

그림1(정해)

흑❶의 젖힘이 재미있는 수. 백④로 늘어서 집을 지키면 흑❼까지 중앙을 선수로 봉쇄할 수가 있다. 이제는 흑도 칼을 빼들어 대마 사냥에 나선다. 흑❾로 씌우면 백이 곤란하다.

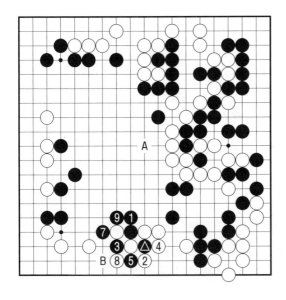

그림2(충분)

그림1은 백이 위험하므로 흑❶ 때 백②로 단수를 칠 것이다. 그러면 흑❸으로 끊고 변을 공략한다. 백A면 흑B로 백집을 삭감해서 충분하다.

분단의 요령

● 흑 차례

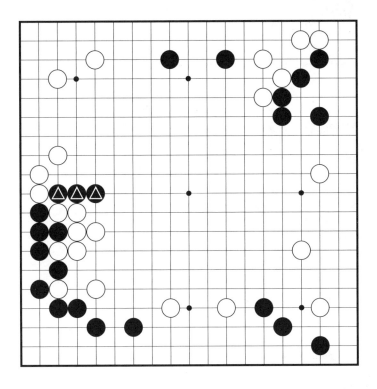

흑△ 석 점을 바로 움직이는 것은 밋밋한 수. 일단 하변과 좌변의 백을 분단해서 공격을 하면 자동적으로 보강을 할 수가 있다. 그러나 발이 느리면 반발을 당하게 된다.

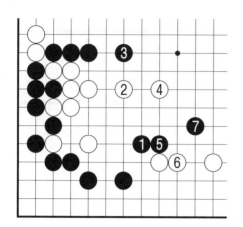

그림1(정해)

흑❶의 날일자가 좋은 감각. 흑❸으로 추격한 다음 ❺·❼이면 호조의 국면이다. 양쪽의 백을 공격하면 좌변 흑은 어느새 안정이 된다.

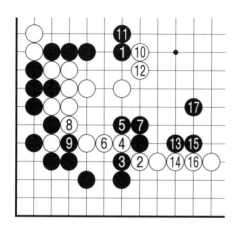

그림2(흑, 우세)

흑❶에는 백②·④로 끊는 수가 강력한 반발. 그러나 흑⓱까지 역시 흑의 흐름이 좋다.

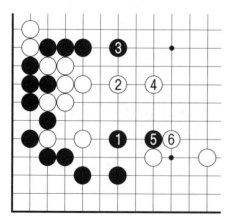

그림3(백, 반발)

흑❶의 한 칸이면 끊기는 약점은 없지만 발이 느리다. 흑❺로 분단을 꾀하지만 백⑥으로 반발하면 흑도 어려워진다. 백이 연결을 하면 세력이 되므로 엄청난 손해이다.

● 흑 차례

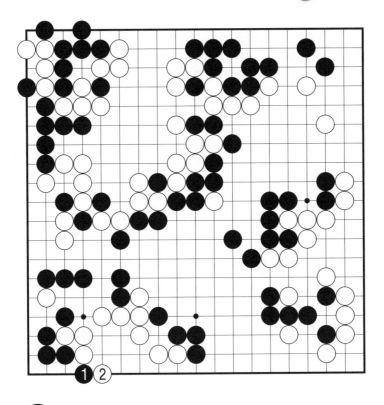

① ②

백이 유리한 상황에서 끝내기만 남은 국면이다. 흑❶의
젖힘에 백②는 당연한 듯하지만 실은 대단히 위험한 수.
백의 궁도가 넓지만 잡는 수순이 있다.

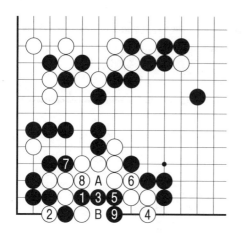

그림1(정해)

흑❶로 끊은 다음 백②를 기다려 흑❸으로 늘어두는 것이 정답. 백④로 궁도를 최대한 넓히지만 흑❾까지 죽음의 궁도이다. 흑B를 두고 A에 두면 유명한 매화육궁의 형태가 된다.

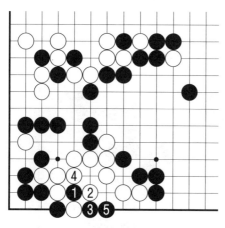

그림2(패)

흑❶에는 백②가 최선이다. 그러나 백④ 때 흑❺로 빠지는 수가 있어서 그냥 살 수는 없고 패가 정답이다. 흑의 꽃놀이 패이므로 백이 망하기는 마찬가지이다.

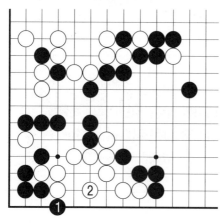

그림3(정수)

흑❶의 젖힘에는 백②로 지키는 것이 정수이다. 이 형태는 중국식 포석에서 나온 형태로 실전에서도 나올 가능성이 있으므로 잘 알아두어야 한다.

현실과 이상과의 갈등

백 차례

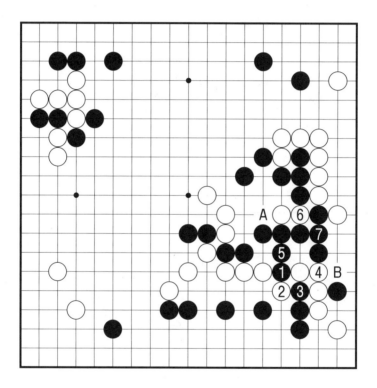

흑❶의 끼움이 흑의 노림. 백을 차단해서 중앙의 제공권을 장악하려는 것이다. 흑❼ 때가 선택의 기로. A는 중앙을 중시한 호방한 수이고, B는 현실적인 가치를 중시한 수이다.

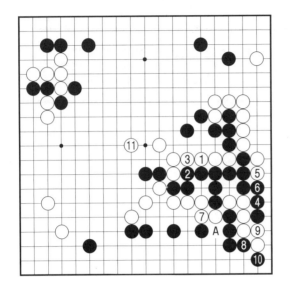

그림1(정해)

백①이 옳은 판단. 흑❿까지 귀는 죽지만 백⑪로 중앙을 호령할 수가 있다. 그리고 흑 집에는 백A로 돌파하는 수가 남아서 그리 큰 것도 아니다.

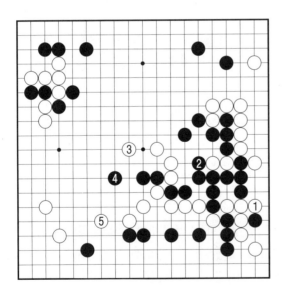

그림2(평범)

백①로 귀를 살리는 것은 실리에 집착한 수. 흑❷로 두 점을 잡으면 흑도 싸울 수 있는 모습이다. 백⑤까지 피차 어려운 전투.

빼먹은 수순 하나

○ 백 차례

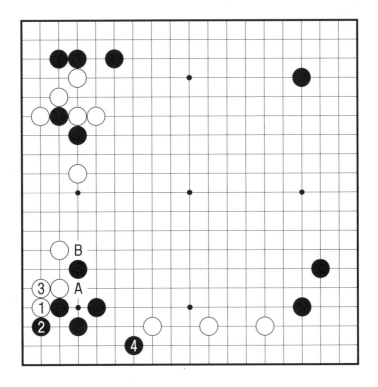

백①·③으로 젖혀 이어 형태를 정비한 것은 당연하다. 흑❹는 좋은 곳이나 흑A, 백B를 교환하고 두었어야 한다. 백은 이 틈을 파고들어 주도권을 잡을 수 있다.

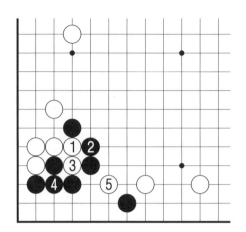

그림1(정해)

백①·③으로 단점을 만든 다음 ⑤로 들여다본 수가 기민하고 날카로운 수. 애써 달려온 흑 한 점이 부담이 되는 모양이다.

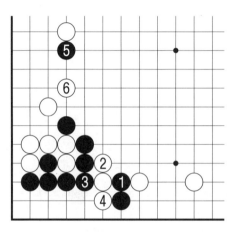

그림2(백, 충분)

앞그림에 이어서 흑은 **①**로 맛을 남긴 다음 **③**으로 잇는 정도이다. 그러나 백④로 두 점을 차단하면 상당한 성과를 거둔 모습. 흑**⑤**로 변화를 꾀하면 백⑥으로 싸울 수 있다.

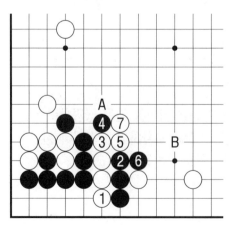

그림3(흑, 무리)

백① 때 흑**②**로 싸우는 것은 무리. 백⑦의 꼬부림이 두터운 수법으로 이후 A와 B를 맞보기로 노리면 충분하다.

기대와 역습

● 흑 차례

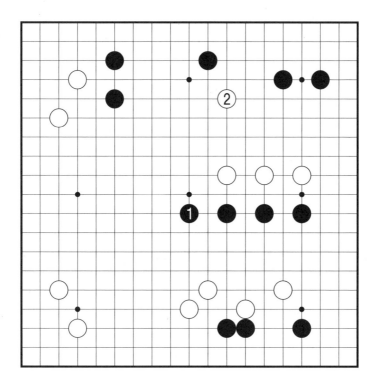

흑❶의 뜀에 백도 뛰면 무난하지만 계속해서 중앙에 흑 돌이 오면 하변이 급해진다. 그래서 백②로 상변을 제한하며 자체에서 수습하려는 장면이다. 흑은 당연히 역습을 생각해야 한다.

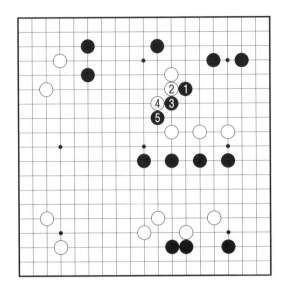

그림1(정해)

흑❶이 날카로운 반격
으로 백의 빈틈을 정확
히 꼬집은 수이다. 백
②에는 흑❸·❺의
젖힘이 강수로 백을 분
단시킬 수 있다. 주위
가 온통 흑 천지이므로
백은 온전히 수습하기
힘들다.

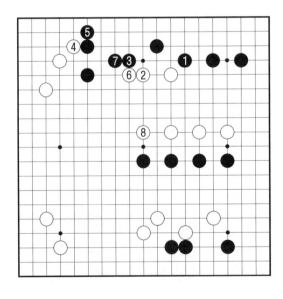

그림2(백의 의도)

흑❶로 집을 지으며
좋아하면 안 된다. 백
⑧까지 경쾌하게 수습
을 하면 백이 잘 풀린
모습이다. 상변은 어
차피 흑이 투자를 많
이 한 곳이므로 집을
지어주더라도 나쁠 것
이 없다.

세력의 구체화

● 흑 차례

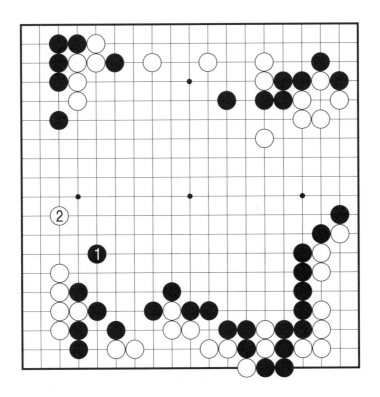

흑❶과 백②를 교환한 장면에서 흑이 기대할 것은 하변의 세력뿐이다. 단순히 세력을 키우면 우상귀의 흑이 몰려 영향을 끼칠 수가 있다. 그러므로 흑은 공격을 통해서 세력을 구체화시켜야 한다.

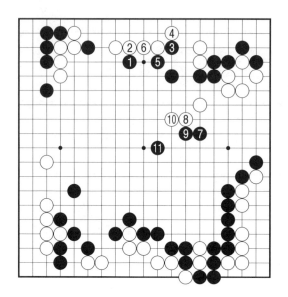

그림1(정해)

흑❶이 좋은 감각. 흑❺까지 선수해서 탄력을 붙인 다음 ❼로 공격하면 세력을 집으로 전환할 수 있다. 백⑧로 머리를 내밀어야 하는데, 흑⓫까지 크게 지키면 충분한 국면이다.

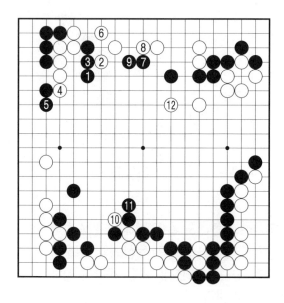

그림2(실패)

흑❶ 이하 ❾까지의 수순은 상변 백 진영을 깎으면서 자신을 두텁게 정비하려는 수지만 후수인 것이 불만. 백⑫로 흑을 압박하면 하변의 세력은 그만큼 가치가 떨어진다.

급소를 노리기 위한 공작

● 흑 차례

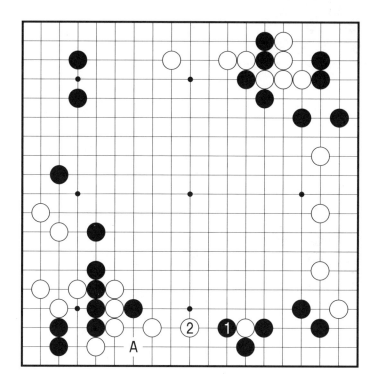

┌ 좌하 쪽 백은 두 군데가 모두 약한 모습이다. 흑은 여
  기서 공격을 시작하고 싶은데, 귀가 약해서 잘 안 된
  다. 좌변의 백을 공격해서 A의 맛을 살리는 것이 공격
  의 포인트.

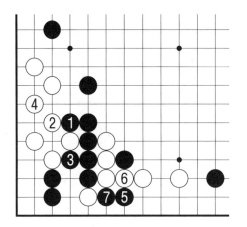

그림1(정해)

단순하게 흑❶·❸으로 모는 것이 둔탁해 보이지만 귀의 단점을 없앤 호착. 백④로 사는 것이 보통인데, 흑❺의 치중이 성립한다. 흑❼까지 실리를 차지하며 백을 공격하면 앞으로도 즐거움이 많은 바둑이다.

그림2(백, 손해)

흑❶의 단수에 백②로 잇는 것은 손해이다. 흑A가 선수로 들어 좌상 쪽이 굳어지기 때문이다. 이 그림은 **그림1**보다 손해이다.

그림3(손바람)

흑❶·❸으로 백을 납작하게 누르고 싶지만 기분에 비해 실속이 없다. 그 이유는 하변 흑A로 치중하는 수가 안 되기 때문이다. 흑A면 백B로 잇고 귀를 끊으면 된다.

활용을 거부한 반발

● 흑 차례

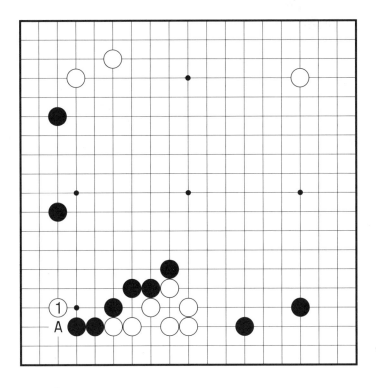

백①은 수를 내려는 것이 아니다. 흑이 A로 받아주면 선수 활용이라고 본 것이다. 기력이 늘수록 활용당하는 것을 대마 죽는 것보다 싫어한다. 그러나 단점을 남겨서는 안 된다.

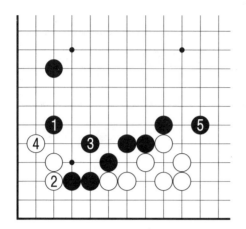

그림1(정해)

일단 흑❶의 반발이 강력하다. 백②에는 흑❸으로 지키는 것이 두터운 수법. 직접 잡으러 가는 것은 무리이다. 백④로 살면 손해가 크지만 흑의 노림이 숨어 있다.

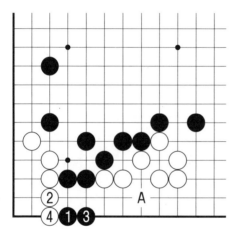

그림2(뒷맛)

앞그림에서 백이 손을 빼면 흑의 노림이 작렬한다. 흑❶·❸이 항상 선수이므로 A의 급소가 노출되기 때문이다. 그렇다고 보강을 하자니 마땅한 수가 없다.

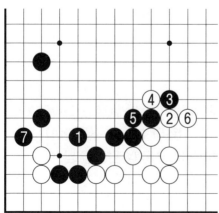

그림3(흑, 우세)

흑의 노림을 피해서 흑❶ 때 백②로 젖히면 선수를 뽑아서 흑❼로 귀를 제압한다. 이건 백의 명백한 손해. 흑❸을 축으로 잡을 수는 있지만 흑이 모두 안정된 상태라 가치가 적고 축머리도 활용당한다.

탁월한 공격 감각

● 흑 차례

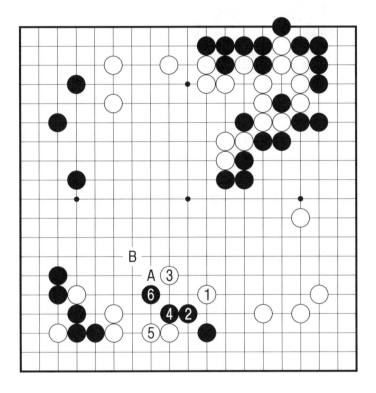

백이 좌하귀에 맛을 남겨둔 다음 백①부터 공격을 시작한 장면이다. 흑❻으로 머리를 내밀었을 때 백은 A나 B를 선택해야 한다. 모양상 제일감이고 감각적으로도 이렇게 둘 곳이다.

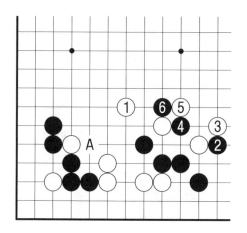

그림1(정해)

백①의 날일자가 최강의 공격. 백A가 선수이므로 이렇게 유연하게 씌워도 탈출하는 수단이 없다. 흑❷·❹·❻은 궁여지책으로 달리 뚜렷한 타개수단이 보이지 않는다.

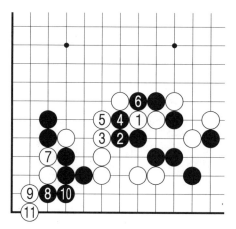

그림2(정해 계속)

앞그림에 이어서 흑❻까지 겨우 수습을 했다. 백은 중앙이 망가졌지만 ⑦로 끊어서 귀를 접수하면 충분한 결과이다. 귀에 맛을 남겨둔 것이 큰 힘이 된 모습이다.

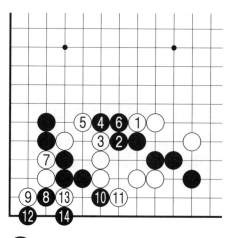

그림3(난해)

백①로 미는 수는 상상 외로 매우 난해한 결과가 나타난다. 흑❷가 강수로 패가 생기는데, 피차 어려운 싸움이다.

⚪ 백 차례

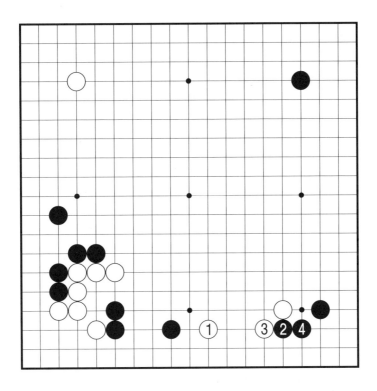

백①의 다가섬에 흑❷로 붙인 수는 기세. 백이 붙인 것과 비교를 하면 그 가치가 쉽게 느껴진다. 그렇다면 백도 강하게 둘 필요가 있다. 귀를 흑이 차지했으므로.

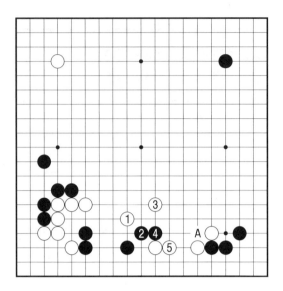

그림1(정해)

백①로 씌워서 선공을 취할 곳이다. 흑은 봉쇄를 피해서 ❷로 머리를 내밀어야 하는데, 백③의 날일자가 화려한 감각. 흑을 공격하며 중앙의 제공권을 장악하고, A의 단점도 자연스럽게 보강한다.

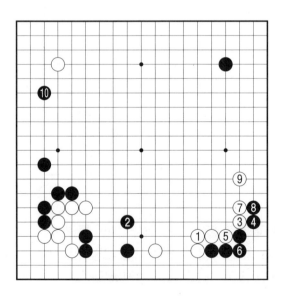

그림2(수동적)

백①로 잇는 수는 나약하다. 흑❷로 지키면 양쪽을 둔 결과라 흑이 편하다. 백⑨까지 두터운 결과지만 흑이 안정을 한 후라 가치가 적다. 흑❿으로 걸쳐가면 발빠른 진행.

외각의 단점이 문제

● 흑 차례

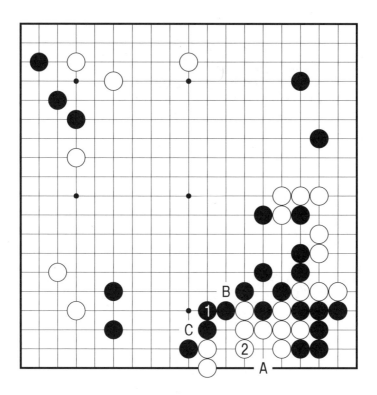

흑❶로 잇는 수가 능률적인 보강. 백②때 흑A로 치중
해서 잡으러 가고 싶은데 외각에 B, C의 단점이 있어
서 만만치가 않다. 과연 흑A로 백을 잡을 수 있을까?

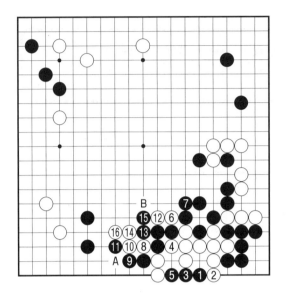

그림1(정해)

수순은 길지만 필연의 진행이다. 백⑥·⑧로 본격적인 문제가 시작됐다. 백⑯까지의 수순이 좋아서 흑이 곤란해 보인다. A와 B의 축이 맞보기이므로. 그러나….

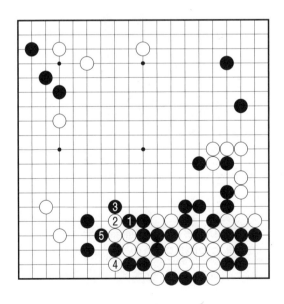

그림2(정해 계속)

앞그림에 이어서 흑❶이 쉽게 보이지 않는 맥점으로 양쪽의 수단을 모두 막는다. 백④로 끊어도 흑❺의 단수면 회돌이 축이라 백을 잡을 수가 있다.

동물적 감각

● 흑 차례

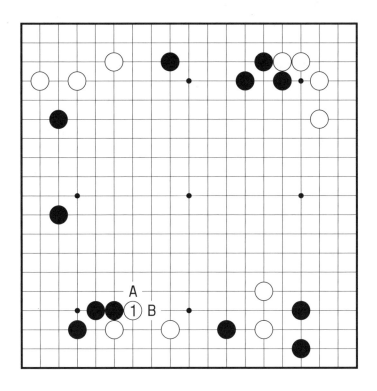

백①의 젖힘은 시급한 보강으로 흑A의 젖힘을 유도하고 있다. 그러면 백B로 늘어서 형태를 정비한다는 속셈. 백①을 보고 다음 수가 바로 보인다면 감각이 좋다고 할 수 있다.

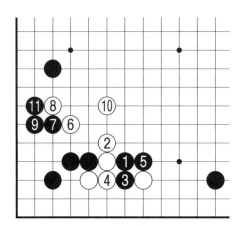

그림1(정해)

흑❶의 꺼붙임이 형태상의 급소. 백②의 뻗음이 최강의 반발이자 기세. 그러나 흑❺로 하변에서 안정을 취하고 흑⓫까지 좌변도 지키면 충분한 결과이다.

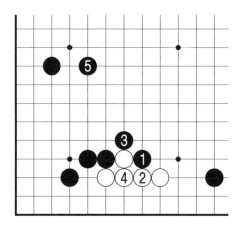

그림2(백, 굴복)

흑❶에 대해 백②로 받는 것은 굴복. 흑❸의 단수 한 방이 아프다. 흑은 선수로 하변을 납작하게 만든 다음 흑❺로 좌변을 키우면 유리하다.

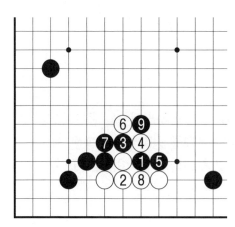

그림3(백, 무리)

흑❶ 때 백②로 이은 다음 ④로 끊는 수는 무리. 백⑥의 단수가 기분 좋은 수지만 백⑧의 보강이 불가피해 흑❾로 끊긴다. 백은 싸우기가 곤란한 모습으로 공연히 흑을 두텁게 해 준 결과이다.

붙임의 의미

● 흑 차례

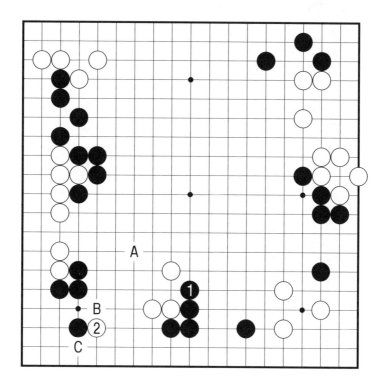

흑❶에 대해 백②는 의미 없는 응수 타진이 아니다. 그
냥 A로 지키고 싶지만 무슨 내막이 있는 것이다. 흑의
응수는 B나 C인데, 이후 진행에 커다란 영향을 미친다.

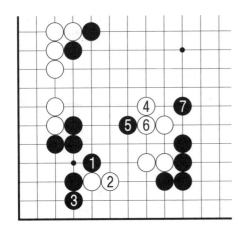

그림1(정해)

흑❶로 젖히는 것이 긴요한 수. 백④는 어색하지만 정수이다. 흑❺가 기분 좋은 활용으로 차후에 ❼로 공격이 가능하다. 모두 흑❶의 영향이라 할 수가 있다.

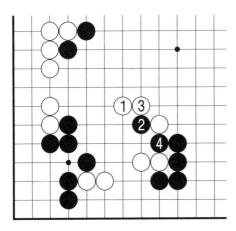

그림2(내막)

백①이 보통의 모양이지만 흑❷의 날카로운 공격이 기다리고 있다. 흑❹로 차단하면 축이 안 되므로 백이 곤란한 상황이다.

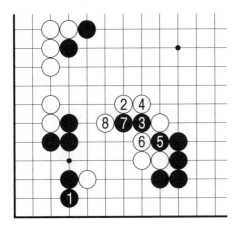

그림3(축)

흑❶은 침착한 수이나 큰 실착이다. 백②로 자세를 잡을 수 있기 때문이다. 이제는 흑❸·❺의 수단이 성립하지 않는다. 백⑧로 단수하면 축이기 때문이다.

차단을 노리는 선수

◯ 백 차례

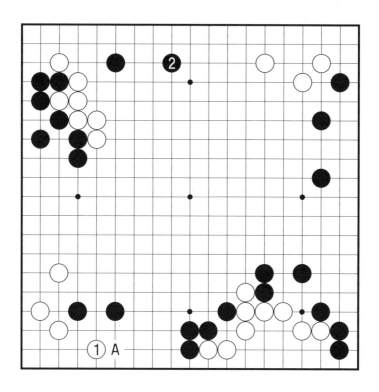

백①을 단순한 집 차지로 생각하면 오산이다. 상변이 가장 큰 곳이라 흑❷로 벌렸지만 이 수로는 A에 막는 것이 정수이다. 백의 통렬한 공격 수단을 찾는 것이 문제.

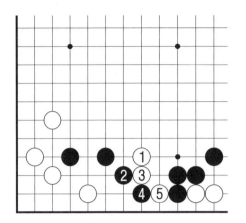

그림1(정해)

백①이 흑을 차단하는 멋진 수. 흑❷로 응수하면 백⑤의 끼움이 흑을 분단하는 맥점. 이렇게 분단되면 양곤마의 형태라 수습하기가 까다롭다.

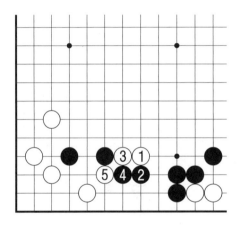

그림2(마찬가지)

백①에 대해 흑❷로 붙이는 수도 검토해야 한다. 이때는 백③·⑤가 침착한 수로 흑을 분단할 수 있다. **그림1**과 비슷한 결과로 흑이 망한 모습이다.

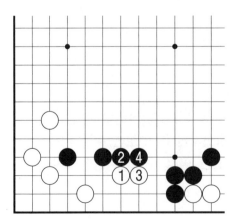

그림3(무책)

백①로 실리를 탐하는 것은 소심한 생각. 상변을 허용한 대가치고는 작다. 지금도 흑을 끊을 수는 있지만 **그림1·2**보다 모양이 나빠서 힘을 쓰기가 힘들다.

축머리를 둘러싼 공방

● 흑 차례

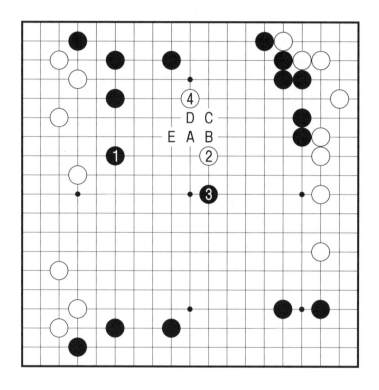

흑❶로 모양을 키우면 백은 긴급히 삭감을 서둘러야 한다. 백④가 엷어 보이지만 축머리를 미리 봐둔 수이다. 축이란 흑A 이하 E까지 되었을 때 나타난다. 백의 책략을 알아야 대책을 세울 수가 있다.

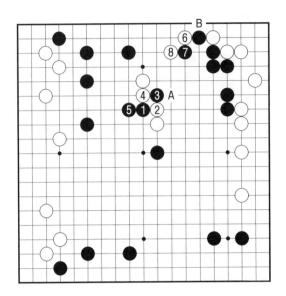

그림1(백의 의도)

흑❶ 이하 ❺까지 강력하게 백을 끊으면 대책이 없어 보인다. 그러나 백⑥·⑧이 교묘한 축머리로 A의 축과 B로 넘는 수를 맞본다. 흑은 이 수단을 방비해야 한다.

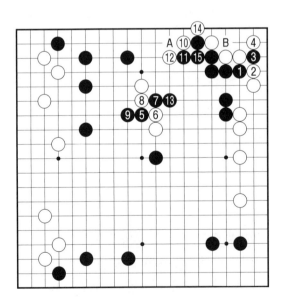

그림2(정해)

흑❶·❸으로 끊는 수가 절묘한 타이밍. 백⑭로 넘어도 A, B의 단점이 생겨서 수습이 불가능하다. 백④로는 가운데 말을 돌봐야 하는데, 흑은 적당히 선수를 뽑아서 우상귀를 제압하면 충분하다.

강력한 준동

● 흑 차례

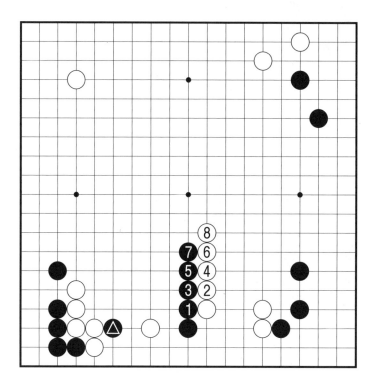

흑❶ 이하 백⑧까지는 달리 응수가 없는 곳이다. 백은 한발 앞서 중앙으로 진출을 해서 불만이 없다. 그러나 그것은 좌하귀를 생각하지 않은 결과. 흑▲의 준동이 강력해서 흑이 유리하다.

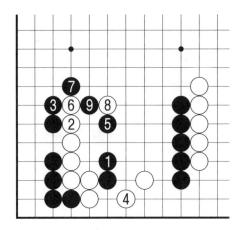

그림1(정해)

흑❶로서는 수가 가장 강력한 공격 수단. 백은 ②를 선수하고 ④로 넘는 정도이다. 그러나 흑❺로 뛰면 탈출이 불가능한 모습. 백⑧에는 단호히 흑❾로 끊는다.

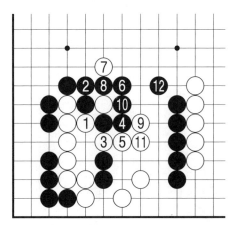

그림2(흑, 우세)

앞그림에 이어서 백은 자체 삶을 노려야 한다. 백⑤까지 두점을 잡으며 쉽게 살았지만 흑에게 허용한 세력이 너무 막강하다.

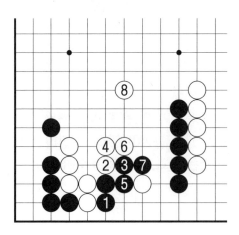

그림3(실패)

흑❶로 차단을 서두르는 것은 소탐대실. 백 한 점을 잡을 수는 있지만 그것은 이삭에 불과하다. 백⑧로 뛰면 닭 쫓던 개 지붕 쳐다보는 꼴이다.

저돌적인 태클

⚫ 흑 차례

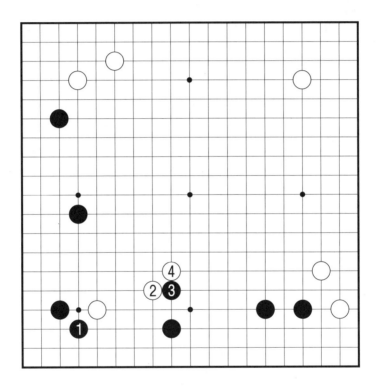

흑❶은 실리를 차지하며 백을 공격하려는 수. 백②가 이채로운 수로 흑이 우세한 곳이므로 가볍게 두려는 속셈. 흑❸은 그러한 백의 의도를 정면으로 거부한 수. 그러나 백④에는 대책이 있어야 한다.

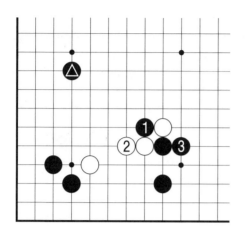

그림1(정해)

흑❶로 끊는 수가 축이 유리
할 경우의 강수이다. 흑❸으
로 뻗으면 흑 한 점을 잡을
수 없어 백은 수습하기가 어
렵다.

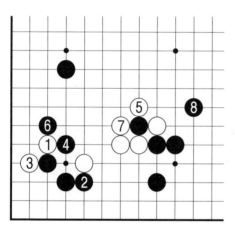

그림2(흑, 우세)

앞그림에 이어서 백은 ①로
붙여서 수습을 모색하게 된
다. 흑❻이 침착한 수로 ❽까
지 두어 백을 공격하면 우세
하다. 백의 빵때림은 미생마
인 반면 흑은 실리를 차지하
며 공격을 하고 있다.

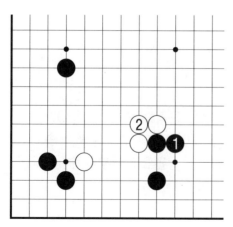

그림3(백, 편함)

흑❶로 느는 수는 나약한 수.
백②로 이으면 두터운 모양
이라 편하다. 이렇게 둘 바에
는 애초에 붙이지 않는 것이
낫다.

세력을 활용한 임기응변

백 차례

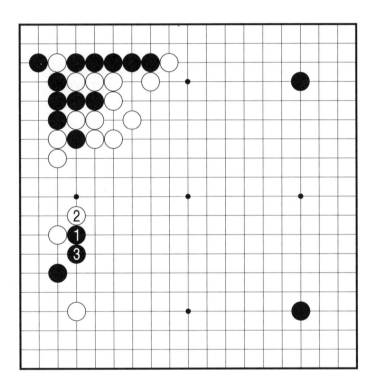

흑❶·❸의 선택은 백의 세력을 의식한 것으로 타당한 작전이다. 백은 세력을 최대한 활용하지 않으면 흑의 실리를 감당하기 어렵다. 세력이란 공격에 쓰일 때가 가장 활용도가 높다.

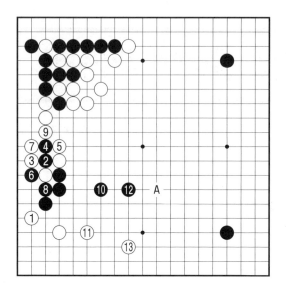

그림1(정해)

백①의 처진 날일자가 강력한 공격. 흑❷에는 백③·⑤가 중요한 수순으로 흑의 근거를 없앤다. 백⑬까지 좌하귀를 크게 지키면 충분하다. 그리고 백A로 공격하는 노림도 남아 있다.

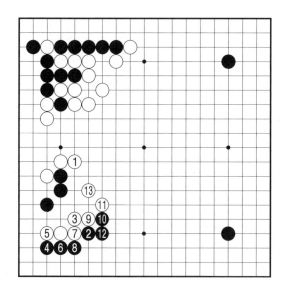

그림2(편중)

백①은 고지식한 수. 흑❷로 걸친 다음 ❹로 3·三을 파는 것이 좋은 선택. 흑 석 점보다는 귀를 차지한 것이 크다. 전체적으로 백은 좌변에 편중되어 발이 느린 모습이다.

불가능한 봉쇄

● 흑 차례

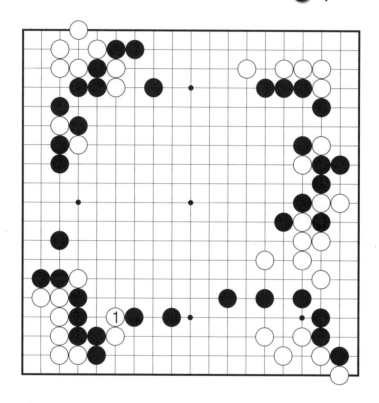

전체적으로 흑의 두터움이 빛을 발하는 국면이다. 백①
은 비세를 의식한 승부수. 흑은 봉쇄만 하면 충분하다.
그러나 그것이 안 된다면 공격을 생각할 수밖에.

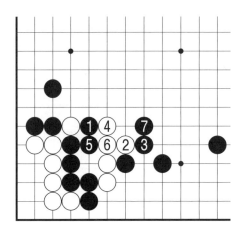

그림1(정해)

흑❶로 단수하는 것이 두터운 점이다. 백은 ②·④로 중앙에 머리를 내미는 수가 유일한 탈출 수단. 백이 탈출은 했지만 흑❼로 뻗어서 공격을 하면 상당히 위태로운 모습이다.

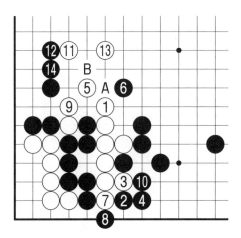

그림2(정해 이후)

앞그림에 이어지는 진행이다. 흑❻이 급소로 백은 자세를 잡기가 상당히 어렵다. 백⑬에는 흑⓮가 재미있는 수로 A와 B를 노리며 공격을 이어간다.

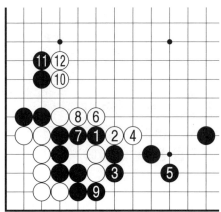

그림3(백의 생각)

흑❶로 막는 수는 제일감이지만 실패. 백②로 끊어서 활용하는 수가 있다. 백⑫까지 흑집을 납작하게 깎고 안정을 해서는 만족이다.

● 흑 차례

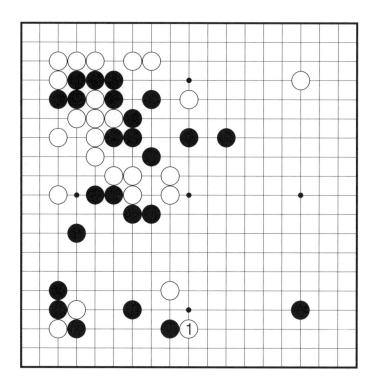

백이 귀에서 사는 맛을 남긴 다음 ①로 붙인 장면이다.
흑은 집을 지키고 싶지만 귀에 맛이 있어서 생각보다 실
속이 없다. 따라서 강공책을 구상해야 한다.

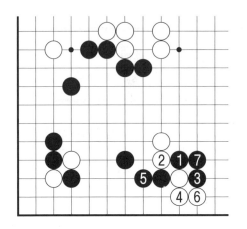

그림1(정해)

흑❶로 젖히는 것이 기세. 흑 ❸으로 단수를 쳐서 축을 방지한 다음 ❺로 느는 것이 행마법이다. 흑❼로 이으면 백이 어려운 모습이다.

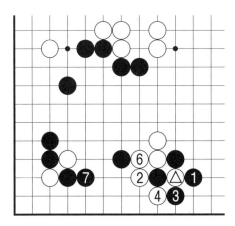

그림2(흑, 충분)

흑이 ❶로 단수할 때 백②로 변신하는 것도 신통치 않다. 흑은 굳이 패를 하지 않고 이어도 귀와 우하변을 차지해서 유리하다.

(흑❺ … 백△)

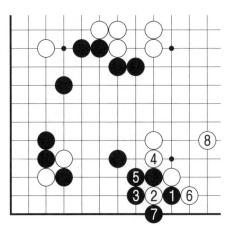

그림3(백의 책략)

보통은 흑❶로 젖히는 수를 많이 둔다. 백②가 수습의 맥으로 ⑧까지 경쾌하게 처리하면 충분하다. 귀에는 아직 사는 맛이 있어서 완전한 집이 아니다.

공격

65

보이지 않는 힘

● 흑 차례

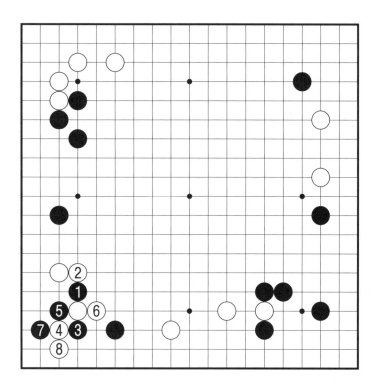

흑❶이 좀처럼 보기 힘든 수. 선수로 수습을 하려는 의
도이다. 백②는 당연한 반발로 ⑧까지 어려운 싸움이 시
작되었다. 흑은 귀에서 삶이 가능하지만 좋은 선택은 아
니다. 귀를 활용하는 방법을 생각한다.

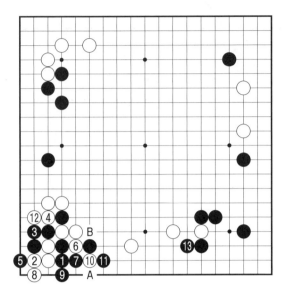

그림1(정해)

흑❶로 귀에서 수상전을 유도하는 것이 좋은 사석작전. 백⑩은 악수지만 어쩔 수 없다. 흑은 A, B가 선수이므로 두터운 모양이다. 이를 배경으로 흑❸에 빠져서 공격하면 성공.

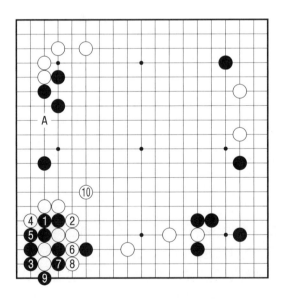

그림2(소탐대실)

흑❶로 이으면 귀에서 살 수 있다. 그러나 백에게 막대한 세력을 허용해서 소탐대실의 결과이다. 흑은 당장 우상귀와 A의 침입을 방비해야 하므로 좋지 않다.

팻감이 관건

백 차례

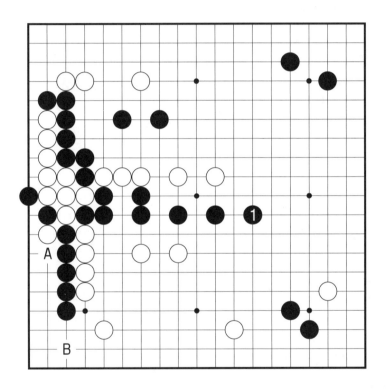

흑❶로 뛰어서 중앙은 일단 마무리. 이제는 좌변을 정리할 차례이다. 좌변 백은 자세히 보면 패맛이 있다. 그러나 백A는 흑B로 하변이 다친다. 일단 백B로 버티고 싶은데 문제는 팻감이다.

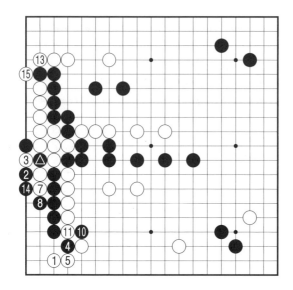

그림1(정해)

백①이면 흑도 기세상 ❷로 패를 해야 한다. 그러나 흑은 적당한 팻감이 없어서 ❹·❿이라는 악수를 두어야 한다. 백은 ⑬·⑮로 귀를 지키며 연결하면 충분하다.

(흑❻, ⓬ …흑▲,
 백⑨ … 백③))

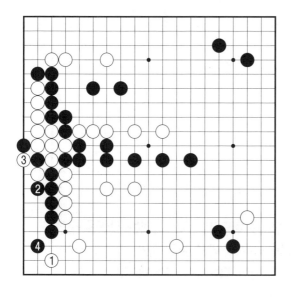

그림2(백, 만족)

백① 때 흑❷·❹로 사는 것은 너무 옹색하다. 어쨌든 백①로 흑을 공격하며 국면을 정리하면 우세하다.

꼭 필요한 선수

⚫ 흑 차례

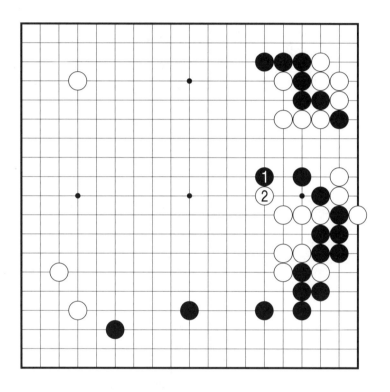

흑❶로 뛰어서 전투가 벌어졌다. 백도 중앙으로 뛰면
무난한데, ②로 붙여서 흑의 엷음을 추궁하려고 한 장
면이다. 그러나 이 수는 악수이다. 그 이유를 밝히는
것이 문제.

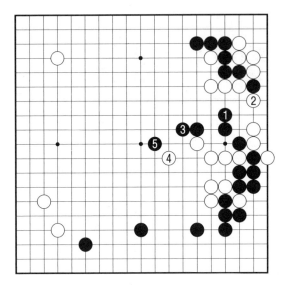

그림1(정해)

백이 간과한 것이 흑❶의 선수이다. 백②로 잡을 때 흑❸으로 늘면 호형이 된다. 백④에는 흑❺로 공세를 취할 수 있다. 백②를 생략하면 흑이 2의 곳에 두어 준동하는 수가 성립한다.

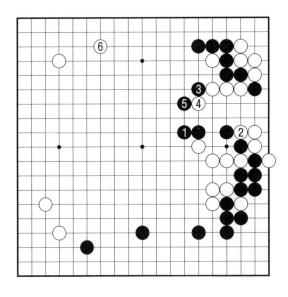

그림2(백의 생각)

흑이 그냥 ❶로 늘면 백②가 있어 연결이 가능하다. 이렇게 되면 백의 악수는 죄가 없어진다. 흑❸·❺가 맥점으로 연결의 형태를 갖추지만 맛이 나쁘다.

호방한 공중전

● 흑 차례

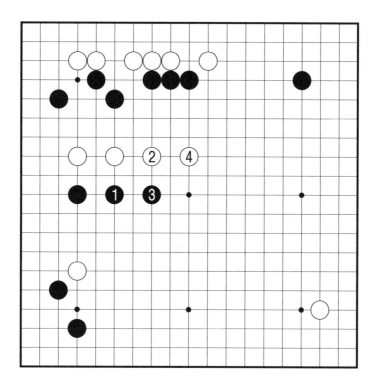

흑❶부터 공중전이 벌어졌다. 백④까지는 필연. 흑은
상변이 갑갑하므로 뛰어나가고 싶은데, 선수를 빼앗
길 염려가 있다. 상변보다 급한 곳이 있나 확인을 해
야 한다.

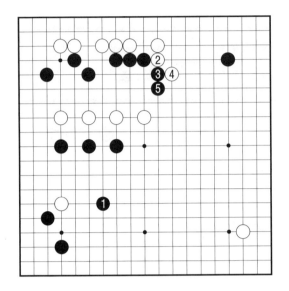

그림1(정해)

흑❶의 씌움이 가장 급한 곳. 백②를 당하는 것이 싫지만 흑❸·❺로 머리를 내밀면 봉쇄를 피할 수 있어서 별 일이 없다.

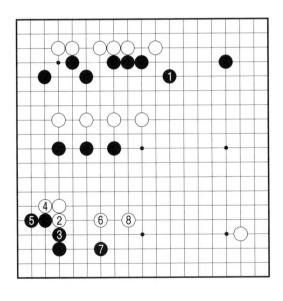

그림2(백, 기민)

흑❶은 대세점으로 그 가치가 충분히 있지만 좌하귀가 더 시급하다. 백②부터 ⑧까지가 기민한 수순으로 **그림1**과 비교하면 백이 상당히 풀린 형세이다.

형세를 반전시키는 노림

● 흑 차례

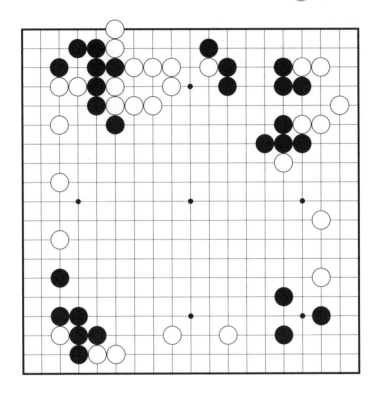

백이 초반부터 득의의 실리작전을 구사해서 집으로는
앞선 상황이다. 그러나 하변이 엷은 것이 걱정이다. 흑
은 하변을 공격해서 형세를 만회해야 한다.

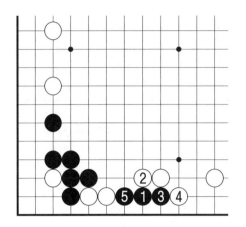

그림1(정해)

흑❶의 치중이 급소. 백②에는 흑❸으로 미는 것이 강수로 백의 모양을 약하게 하는 것이 중요하다. 흑❺로 늘면 백 두점을 잡고 지속적으로 백을 공격할 수 있다.

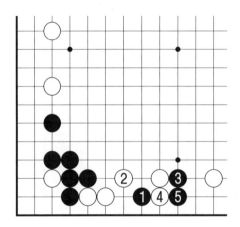

그림2(백, 파탄)

흑❶에는 백②가 강수이다. 그러나 흑❸의 맥점이 성립해서는 수습이 불가능한 모습. 백④로 늘면 흑도 따라 늘어서 차단한다. 백④로 5의 자리에 젖히면 흑은 4의 곳에 끊음이 맥.

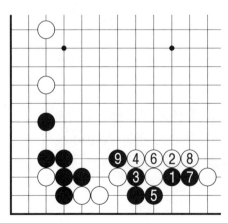

그림3(흑, 성공)

그림2의 수순 중 흑❶ 때 백②로 위에서 젖힌 변화이다. 흑❸ 이하 ❼까지 수를 늘인 다음 흑❾로 끊는 것이 강수. 백집이 흑집으로 변해서는 단단히 한 건 올린 모습이다.

불가피한 수상전

● 흑 차례

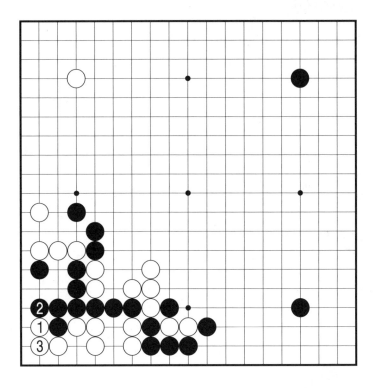

　초반부터 격렬한 싸움이 벌어져서 서로 물러설 수가 없
는 장면이다. 백①·③은 놓칠 수 없는 곳. 좌변과 중앙
의 백이 약하므로 흑을 잡아야 한다. 흑은 중앙 백을 봉
쇄해서 수상전을 하는 것이 유일한 길.

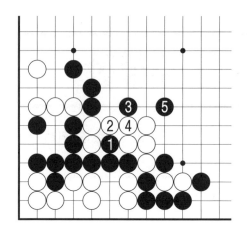

그림1(정해)

흑❶ · ❸으로 백을 조인 다음 ❺로 장문을 씌우는 것이 유일한 수단. 백은 수가 부족하므로 탈출을 시도해야 하는데, 그게 쉽지 않다.

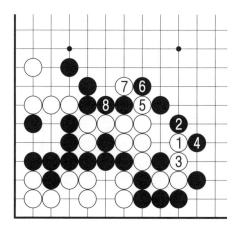

그림2(정해 계속)

그림1에 이어서 백①이 유일한 맥점. 그러나 흑❷가 준비된 강수로 포위망을 탈출하는 것이 불가능하다. 흑❽까지면 알기 쉽게 백이 죽는다.

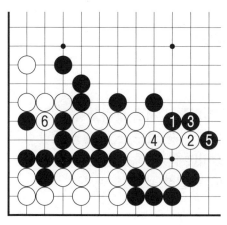

그림3(웅장한 외세)

백의 유일한 수단은 흑❶ 때 백② · ④를 두고 바로 수를 줄이는 것이다. 수상전은 한 수 차이로 백이 이기지만 잡고도 망한 결과이다. 흑은 조이는 수가 모두 선수라서 막강한 세력을 구축할 수 있다.

온건책과 강건책

● 흑 차례

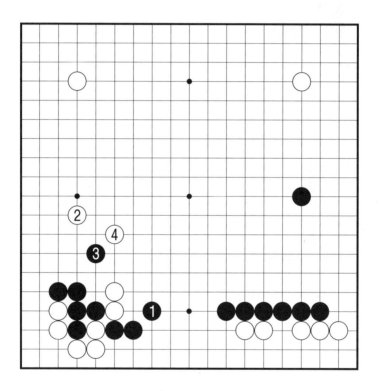

흑❶은 당할 수 없는 곳. 백②가 가벼운 수법으로 백 두점을 직접 움직이는 것은 무겁다. 백④가 치열한 수법으로 두 점을 최대한 작게 버리려는 것이다. 그러나 흑도 반발하는 수가 있다.

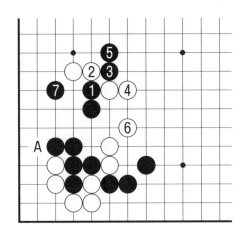

그림1(정해)

기세상 흑**1** · **3**으로 끊을 곳이다. 흑**7**까지는 하나의 행마법으로 최선이다. 흑은 A 가 항상 선수로 듣고 있어 충분히 싸울 수 있는 모습이다.

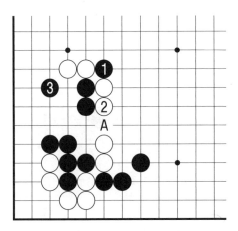

그림2(백, 무리)

흑**1** 때 백②로 막는 수는 무리. 흑**3**으로 모양을 갖춘 다음 A의 끼움을 노리면 백이 곤란한 모습이다.

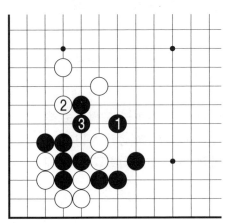

그림3(온건책)

흑**1**로 잡으면 무난하다. 그러나 폭이 상당히 줄은 모습이다. 더구나 백에게 미치는 영향력이 작아서 선수를 빼앗기게 된다.

꺼붙임의 매력

● 흑 차례

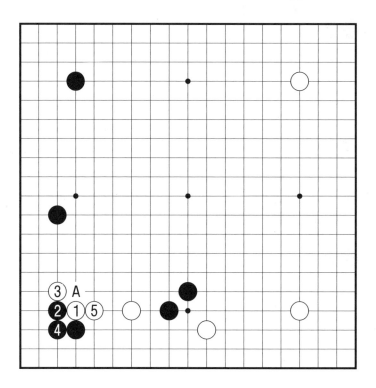

백①이 유일한 수습책이다. 이에 대한 대책으로 흑❷·
❹가 정수. 백 전체를 공격하려는 것이다. 백⑤가 심한
수로 A에 이으면 무난하다. 이런 형태에서 백을 공격하
는 맥은?

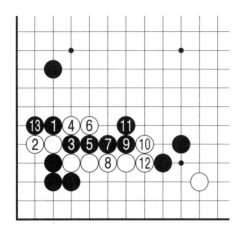

그림1(정해)

흑❶의 껴붙임이 형태상의 급소. 백②로 빠지면 흑❸으로 끊는 수가 성립한다. 이하 백⑫까지는 필연의 진행. 흑은 ❸으로 변을 차지해서 유리한 모습이다.

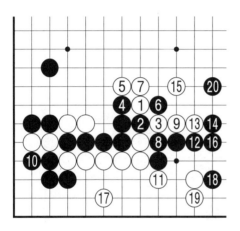

그림2(정해 계속)

앞그림에 이어서 백①로 씌우는 수가 성립해야 타산을 맞출 수 있다. 그러나 흑❻·❽이 강수로 ⑳까지의 진행을 상정하면 흑이 유리한 결과이다.

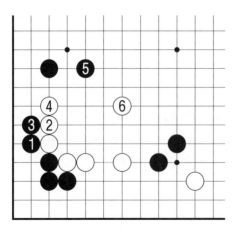

그림3(나약)

흑❶로 젖히는 수는 백을 도와주는 이적수이다. 백⑥으로 자세를 잡으면 간단하게 수습이 된 형태이다. 게다가 흑집을 상당히 줄였으므로 백의 대성공이다.

집을 장만하는 비법

⚪ 백 차례

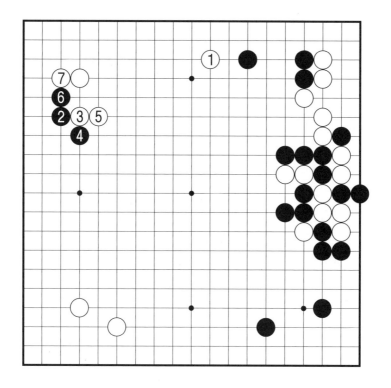

우변의 결과는 흑이 매우 두터운 모습이다. 백은 ①로 흑을 압박하며 상변을 개척해야 형세의 균형을 맞출 수 있다. 흑❷가 성급한 걸침으로 백에게 찬스가 왔다. 흑 ❷로는 우상 쪽을 지켰어야 했다.

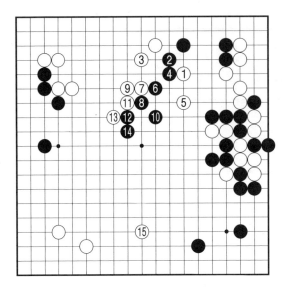

그림1(정해)

백①의 씌움이 호쾌한 공격. 흑을 공격하며 상변을 집으로 굳히는 수순이 근사하다. 게다가 선수를 뽑아서 백⑮로 하변까지 차지해서는 공격의 효과를 톡톡히 본 모습이다.

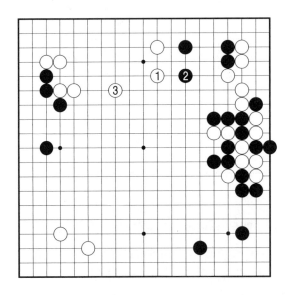

그림2(불안)

백① · ③으로도 상변을 크게 굳힐 수 있다. 그러나 너무 넓어서 침입의 여지가 있고 바깥에서 활용하는 것도 거슬린다. **그림1**이 확실한 반면 이 그림은 불확실하다.

착실한 추궁

백 차례

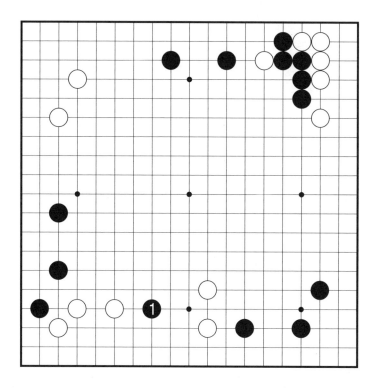

백집이 크다고 생각해서 흑❶로 뛰어든 장면이다. 이 욕심 많은 수를 혼내 주어야 하는데, 섣부른 공격은 실 효를 거두기 어렵다. 착실하게 그물을 짜는 것이 중요 하다.

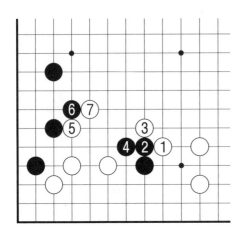

그림1(정해)

백①의 어깨짚음이 강력한 공격. 흑❹를 강요한 다음 백⑤·⑦이 멋진 타이밍으로 흑의 응수가 곤란한 모습이다. 이제는 흑 석 점을 포기하지 않을까?

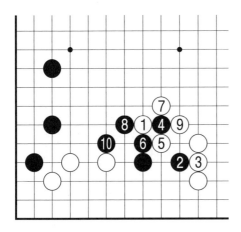

그림2(손바람)

속기에 자신 있는 분은 백①을 생각하게 된다. 그러나 흑❷·❹가 타개의 맥점으로 ❿까지 보기 좋게 탈출해서는 백의 실패이다. 중앙에서 빵때림은 얻었지만 귀가 고립되어 고전이다.

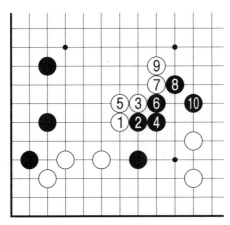

그림3(방향 착오)

좌변에 흑돌이 있다고 백①로 공격하는 것은 방향 착오이다. 흑❿까지 수습을 하면 이제는 공수가 바뀐 모습. 하변 백 두 점이 곤마로 전락해서 크게 망했다.

중반전술

2 수습편

빠른 안정을 위해

백 차례

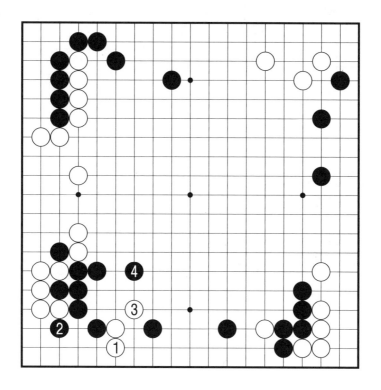

백①로 연결을 보면서 움직인 장면. 흑❷는 당연한 차단이고 ❹로 씌워서 자신을 돌보면서 백을 갑갑하게 만들었다. 백은 중앙 진출을 해서 싸울 수도 있지만 무거운 느낌. 빨리 안정하는 것이 상책이다.

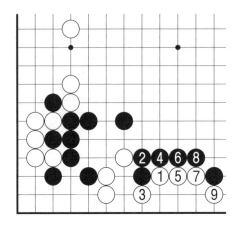

그림1(정해)

백①의 붙임이 타개의 맥점. 흑❷로 서면 백③의 건넘으로 근거를 마련할 수 있다. 계속해서 흑이 중앙을 틀어막으면 백⑨까지 알뜰하게 산다. 흑❷로 ❹에 젖히면 백②의 끊음으로 수습.

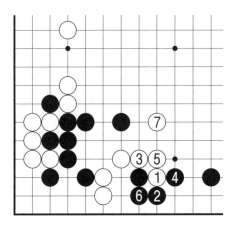

그림2(호형)

백①의 붙임에 대해 흑❷로 젖히면 편하게 중앙으로 진출할 수 있다. 백⑦로 뛴 자세가 당당해서 왼쪽 흑과 싸울 수 있는 모습이다.

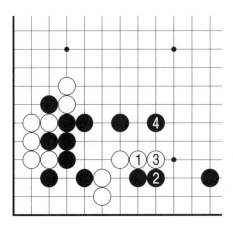

그림3(수세)

백①로 미는 수는 흑❹의 공습이 기다리고 있어서 일방적으로 수세에 몰린다. 백은 사는 동안 많은 대가를 지불해야 할 것이다.

공격과 안정의 우선 순위

● 흑 차례

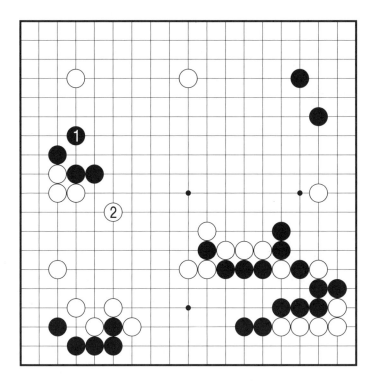

흑❶의 호구로 어느 정도 안정을 취한 모습이다. 그래서 좌상귀를 협공하고 싶은 생각도 든다. 그러나 감각적으로 판단을 해서는 곤란하다. 수읽기에 의한 결과로 판단을 하는 것이 좋다.

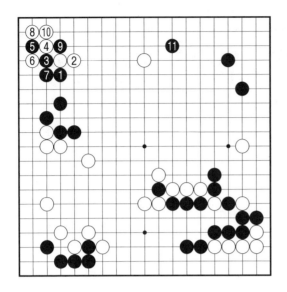

그림1(정해)

흑❶로 붙여서 확실히 삶을 도모하는 것이 좋다. 약한 돌이 없어야 판을 짜기가 쉽기 때문이다. 백②에는 흑❸·❺가 맥점으로 흑❾까지 단점을 만든 후 ⓫로 손을 돌린다.

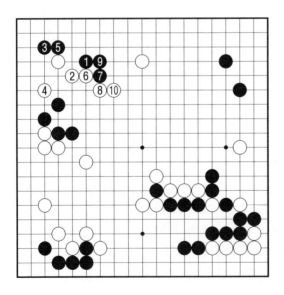

그림2(욕심)

기세상 흑❶로 협공하고 싶은 곳이나 백의 저항이 예상된다. 백⑩까지 귀를 내주더라도 세력을 살리면 폭이 넓은 바둑이다.

절묘한 타이밍

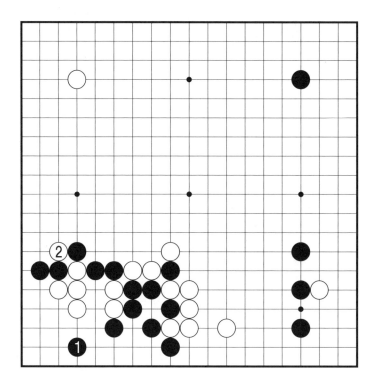

● 흑 차례

흑❶로 삶을 구하자 백②로 끊은 장면이다. 한 점을 잡
으면 쉽지만 흑 두 점이 떨어지므로 좋지 않다. 가운데
흑 두점을 살려야 하는데, 무거워지면 안 된다.

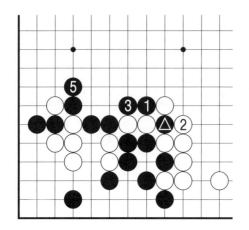

그림1(정해)

흑❶로 끊어서 백의 응수를 묻는 것이 기막힌 타이밍. 백 ②로 따면 흑❸을 선수하고 ❺로 느는 자세가 좋아서 유리하다.

(백④ … 흑△)

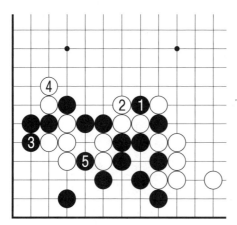

그림2(백의 최선)

흑❶ 때 보통은 따는 것이 좋지만 지금은 백②로 나가야 한다. 그러나 흑❸이 강력한 급소여서 백의 응수가 어렵다. 백④에는 흑❺로 두 점을 잡으면 충분하다.

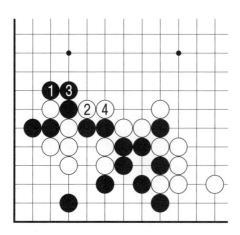

그림3(무책)

앞에서도 밝혔지만 흑❶로 미끼를 무는 것은 좋지 않다. 백 ②·④로 두 점이 떨어지면 백이 두텁기 때문이다.

기세의 바꿔치기

● 흑 차례

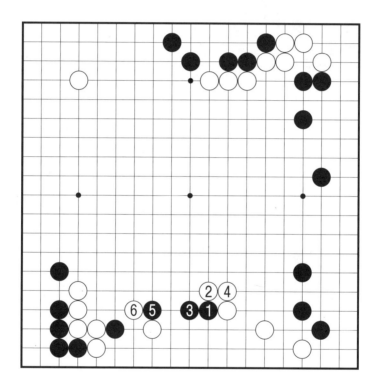

흑❶은 중반전에 흔히 쓰이는 삭감 수단이다. 백②·
④가 강력한 공격으로 백⑥의 젖힘에는 흑도 생각을 해
야 한다. 초반에는 팻감이 없으므로 이를 이용하는 것이
요령.

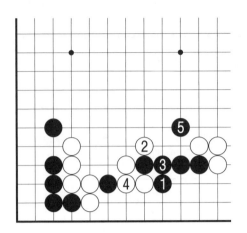

그림1(간명)

흑❶로 막는 수가 의외의 호착. 백②의 단수가 아프지만 흑❺의 탈출이 가능하다. 그러나 흑❸으로는 좀더 생각을 할 곳. 이렇게 우형으로 잇는 것은 가능하면 피하는 것이 좋다.

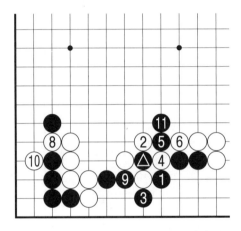

그림2(정해)

흑❶로 막은 다음 ❸으로 단수하는 것이 강수. 백④에는 흑❺로 패를 유도한다. 백도 이을 수는 없으므로 흑⓫까지 기세의 바꿔치기가 이루어지는데 귀의 실리보다는 흑의 자세가 좋다.

(흑❼ … 흑△)

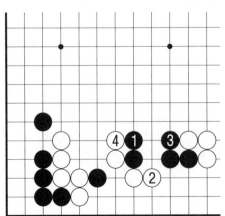

그림3(무거움)

흑❶로 느는 수는 보통의 감각이지만 백②를 당하면 뿌리가 없는 것이 걱정이다. 백④로 밀면 흑의 형태가 조금씩 무거워지고 백집을 깬 것도 얼마 되지 않는다.

요석 살리기

백 차례

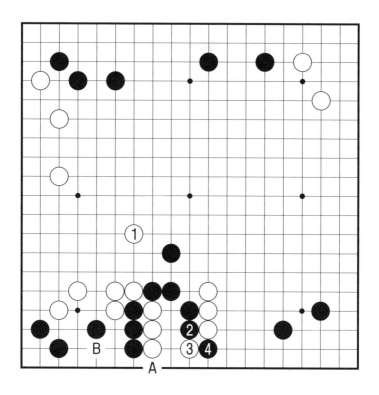

백①은 상변을 키우는 요처지만 빨랐다. 이 수는 백A, 흑B를 교환하고 두어야 했다. 흑❷ · ❹가 날카로운 추궁. 백은 귀의 흑을 이용해서 백 석 점을 살려야 한다. 그래야 중반전에 대비할 수 있다.

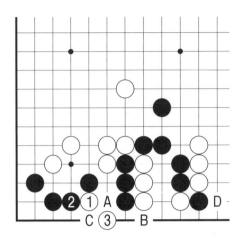

그림1(정해)

백①이 쌍립의 급소. 흑❷에
는 백③이 호착으로 흑A에는
백B를 선수하고 흑C, 백D로
다소 손해를 보지만 석 점을
살릴 수 있다.

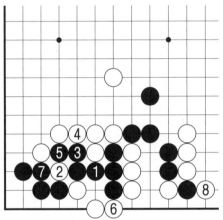

그림2(흑의 최선)

그림1에 이어서 흑은 ❶로 잇
는 수가 최강이다. 백②·④
가 좋은 수순으로 ⑥을 선수
한 다음 백⑧로 한 점을 잡을
수가 있다. 흑도 부분적으로
이득을 보아서 불만이 없다.

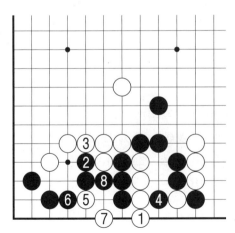

그림3(실패)

백①로 빠지면 흑❷의 묘수
가 있어서 석 점을 살릴 수가
없다. 뒤늦게 백⑤의 맥점을
두어도 흑❽까지 별 탈이 없다.

상전벽해

● 백 차례

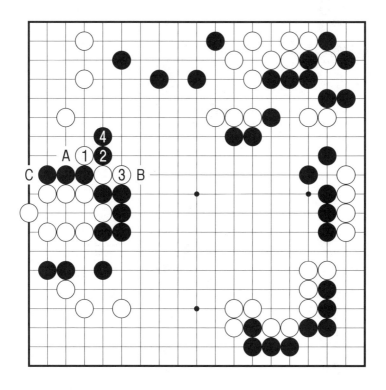

　좌변의 백을 살리는 것은 그리 어렵지 않다. 백① 이하 흑❹까지 된 다음 백A, 흑B, 백C로 연결을 하면 된다. 그러나 중앙을 두텁게 해 주어 좋지 않다. 백①로는 다른 수단을 강구해야 한다.

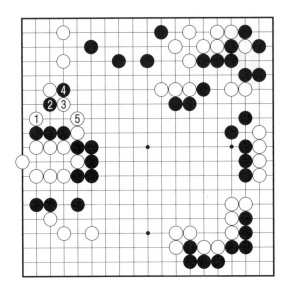

그림1(정해)

백①의 꺼붙임이 좋은 수. 흑이 ❺로 단수하면 손해를 보지 않고 연결을 할 수가 있다. 그래서 흑도 ❷·❹로 반발한 것. 백도 ③·⑤가 최선으로 일단 흑을 잡은 모습이다.

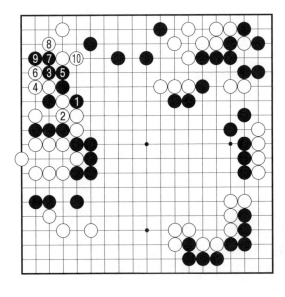

그림2(정해 계속)

그림1에 이어서 흑❶이하 ❺까지 귀를 돌파하는 정도이다. 그러나 백⑩까지 자세를 잡으면 사는 데는 지장이 없는 모습이다. 귀는 돌파당했지만 흑 넉 점을 잡은 실리가 커서 충분하다.

공격적 수습

백 차례

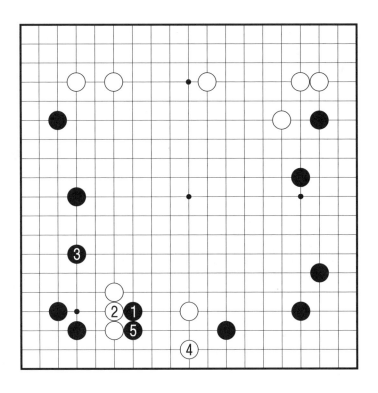

흑❶로 응수 타진한 후에 ❸으로 지켰다. 백④는 후수
지만 맛을 없앤 깨끗한 수. 그럼에도 흑❺로 준동을 했
다. 위에서 막아 공격을 할 것인가 아니면 아래쪽을 젖
혀서 연결을 도모할 것인가?

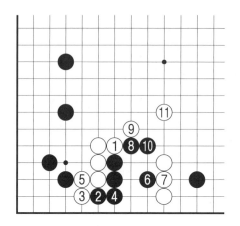

그림1(정해)

백①로 공격을 하는 것이 최선의 수습책. 흑⑩까지 백을 양분하며 중앙으로 머리를 내미는 것은 백⑪의 씌움이 기다리고 있다.

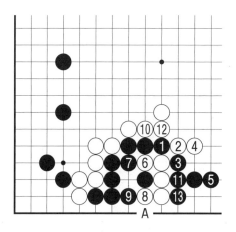

그림2(정해 계속)

앞그림에 이어서 흑은 백 석 점과 싸워야 한다. 흑⑬까지 백 다섯 점을 잡을 수는 있지만 백의 세력이 두터운 데다 나중에 백A로 내려서면 한 수 늘어진 패가 된다.

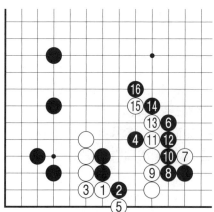

그림3(흑, 우세)

백① · ③이 급소지만 흑❹를 당해서 좋지 않다. 백⑤로 연결하면 흑❻의 씌움으로 대세를 휘어잡을 수 있다. 백⑦에는 흑⑯까지가 좋은 수순으로 흑이 두터운 결말이다.

경묘한 연금술

백 차례

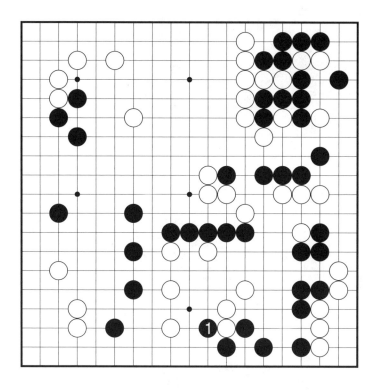

흑❶로 백의 안형을 위협한 장면이다. 궁도가 확실치 않
아 위험해 보이지만 왼쪽의 흑이 엷음으로 이를 노리면
교묘하게 타개할 수가 있다.

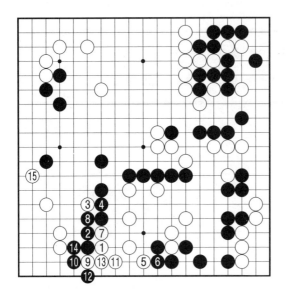

그림1(정해)

백①의 붙임이 흑의 연결을 문제삼아 탄력을 만드는 수. 백⑬까지 간단하게 삶을 구할 수 있다. 귀가 다쳤지만 백⑮를 두면 그리 손해날 것도 없다.

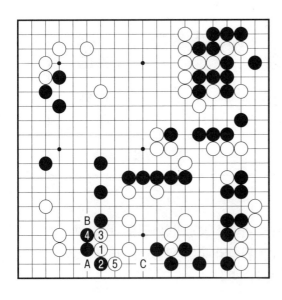

그림2(흑, 무모)

백①에 대해 흑❷로 젖히는 것은 한 치 앞을 보지 못한 수. 백③·⑤로 모양을 갖추면 간단하게 산다. A, B, C의 단점이 있어서 백을 잡을 수 없다. 귀에 미치는 영향력이 적으므로 흑의 손해.

끊을 곳을 들여다보다

백 차례

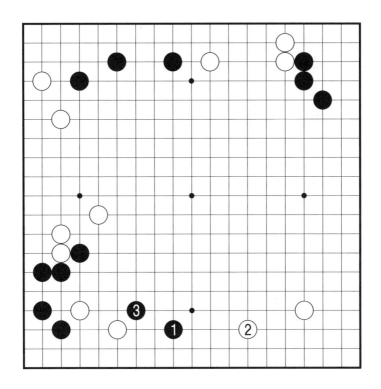

흑❶ 때 백②는 최대한 챙긴 다음 수습을 하려는 수. 흑❸으로 씌워도 죽을 말이 아니라고 본 것이다. 그러나 당하고 나니 갑갑하다. 일단 봉쇄를 피하는 것이 급선무.

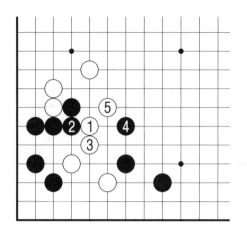

그림1(정해)

백①로 들여다보는 것이 흑을 잇게 해 주어서 기분은 나쁘지만 봉쇄를 피하는 길. 자세는 좋지 않지만 봉쇄를 당하는 것보다는 낫다.

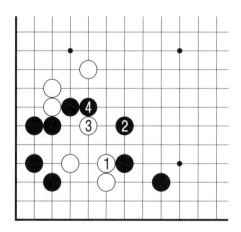

그림2(백, 갑갑)

백①은 모양을 중시한 수지만 흑❹까지 봉쇄를 피할 수 없다. 죽을 말은 아니지만 살기 위해서는 흑을 두텁게 해 주어야 한다.

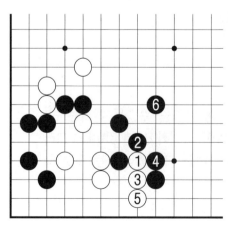

그림3(흑, 두터움)

앞그림에 이어서 백①이 타개의 맥점이다. 그러나 백이 사는 동안 흑❻까지 두텁게 모양을 갖추면 충분한 결과이다.

무심한 활용

⚫ 흑 차례

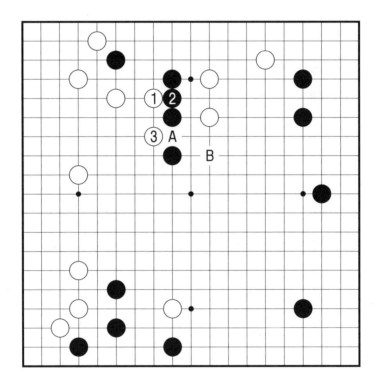

백①·③은 흑을 무겁게 만들려는 의도. 흑이 A로 이으면 백B로 공격을 할 심산이다. 그러나 백③은 시기를 잘못 선택한 악수. 백B로 뛴 다음 두어도 늦지 않다.

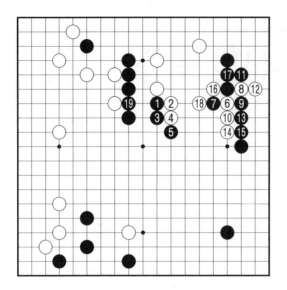

그림1(정해)

흑❶이 백이 생각지 못
한 반발. 흑❺로 젖히
면 오히려 공격을 하는
모습이다. 백⑥이 고심
의 수습책이나 흑⓱까
지 집을 굳히고 ⓳로
이으면 대성공이다.

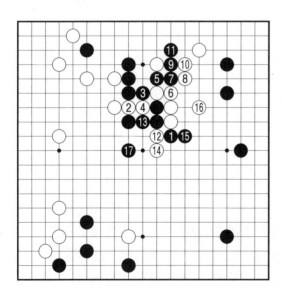

그림2(백, 무리)

흑❶에 대해 백②로 반
발하는 것이 성립해야
하지만 흑⓫까지 수습
이 가능하다. 백⑫로
끊고 싸우는 수도 흑⓱
까지 백이 어려운 모습
이라 곤란하다. 결국 백
②가 무리란 얘기다.

백 차례

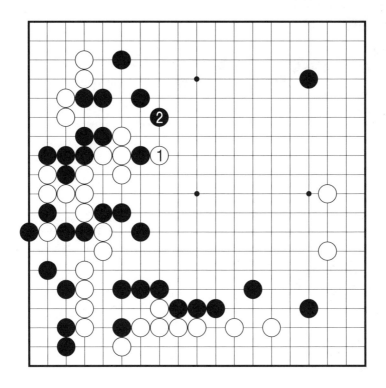

백①로 붙인 것이 맥점으로 수습에 별 어려움이 없어 보인다. 그러나 흑❷를 당하니 다시 먼 여행길을 떠나야 할 모양이다. 그러나 급소 한 방이면 수습의 길이 보인다.

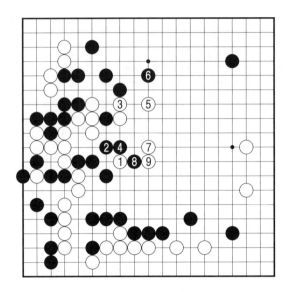

그림1(정해)

먼저 백①로 급소를 짚는 것이 행마의 묘. 흑❷가 강력한 반발이지만 백③·⑤를 두면 ⑦로 씌울 수가 있어서 편한 모양이다. 흑❽에는 백⑨로 밀어 가므로 중앙을 두텁게 하며 수습할 수 있다.

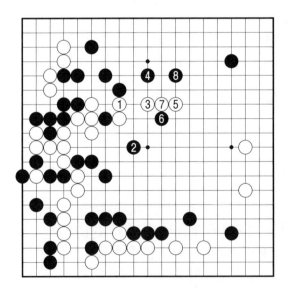

그림2(피곤한 여행)

백①로 연결을 하는 것은 소심한 착상. 흑❷를 당하면 공배를 두며 탈출해야 한다. 흑은 ❽까지 집을 차지하며 공격할 수가 있어서 만족스런 진행이다.

아슬아슬한 곡예

⬤ 백 차례

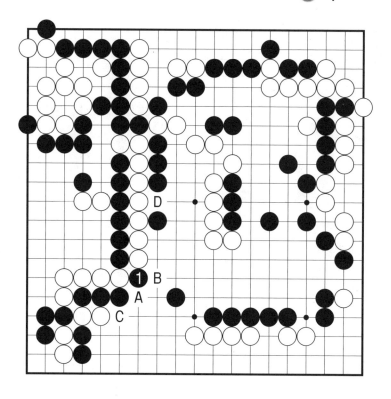

흑❶의 끊음은 여기서 승부를 보자는 강력한 수. 백은 좌변과 중앙을 모두 수습해야 한다. 백A는 흑B, 백C로 석 점을 잡지만 흑D면 중앙이 죽으므로 안 된다.

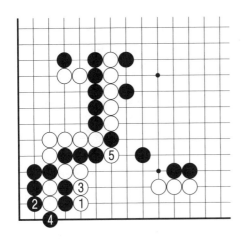

그림1(정해)

백①의 배붙임이 침착한 맥점. 흑❷로 귀를 살리면 백③을 선수한 다음 백⑤로 끊으면 간단하게 문제가 해결된다.

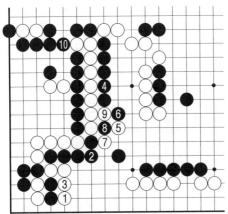

그림2(최강의 반발)

백①에는 흑❷로 잇고 중앙을 잡으러 가는 것이 최강의 반발. 본 문제의 주제이기도 하다. 백⑤에는 흑❻이 끈질긴 저항이다. 흑❿까지 백의 수를 줄이는 것이 요령.

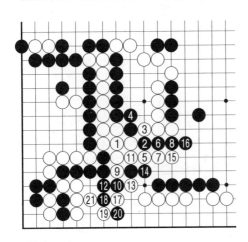

그림3(흑, 사망)

앞그림에 이어 백㉑까지 수순은 길지만 필연의 연속이다. 백⑰·⑲가 대미를 장식하는 멋진 회돌이. 백㉑이면 백이 한 수 빠른 모습으로 곡예 끝.

근거를 마련하는 요령

● 흑 차례

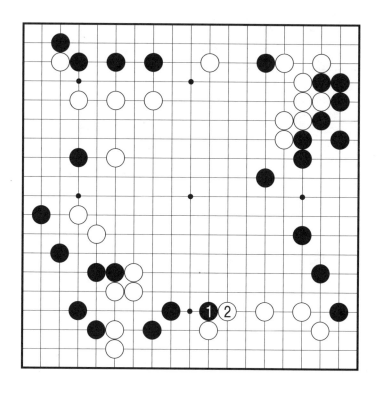

흑❶로 붙여서 수습을 꾀하자 백②로 젖힌 장면이다.
이런 곳에 무슨 수가 있나 생각하겠지만 세심한 주의를
기울여야 쉽게 타개할 수가 있다.

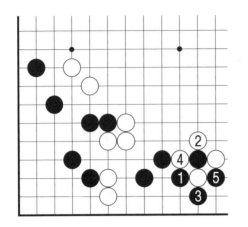

그림1(정해)

흑❶로 막고 백②를 유도한 다음 흑❸으로 젖히는 것이 의외의 강수. 백④의 빵때림에는 흑❺로 단수해서 아예 뿌리를 내리고 산다.

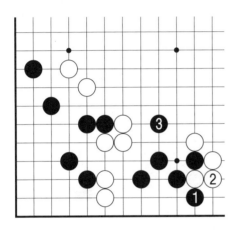

그림2(근거 마련)

흑❶에는 백②로 잇는 것이 정수이다. 흑은 이렇게 근거를 마련한 다음 흑❸으로 뛰면 상당히 풀린 모습이다.

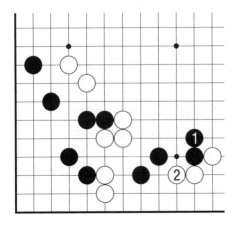

그림3(흑, 들뜸)

흑❶로 느는 수는 보통의 행마지만 백②를 얻어맞는 것이 아프다. 흑은 한 집도 없는 모양이라 앞으로 많이 시달리게 된다. 집으로도 상당한 차이.

궁하면 붙여라

○ 백 차례

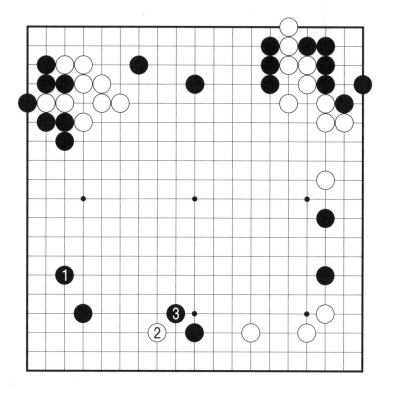

흑❶은 방향 착오이다. 하변 쪽을 굳히는 것이 정수. 그
이유를 백②의 침입이 보여 준다. 흑❸이 강력하지만
어렵지 않게 수습할 수 있다. 귀가 비어 있기 때문이다.

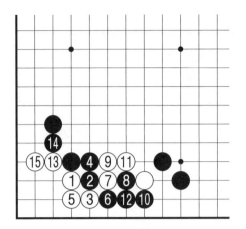

그림1(정해)

백①의 붙임이 상용의 수습책. 흑❷에는 백③으로 젖히는 것이 요령. 백⑦로 맞을 남긴 다음 ⓯까지 귀에서 살면 호각의 결과. 흑도 한 수 지키면 두터운 모습이다.

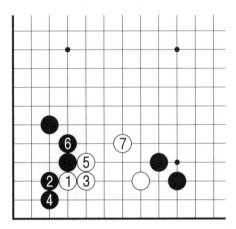

그림2(백, 충분)

백① 때 흑이 귀를 차지하려고 ❷로 젖히는 것은 느슨한 대응이다. 백③으로 늘어서 ⑦까지 모양을 갖추면 간단하게 수습이 되기 때문이다.

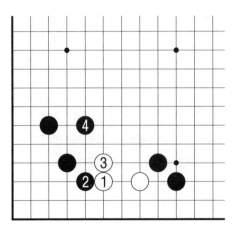

그림3(백, 무거움)

백①은 견고하지만 근거가 불확실하다. 흑❷로 백을 무겁게 만든 후 ❹로 공격을 시작하면 앞날이 그리 순탄하지 않다.

약점을 보는 눈

⚪ 백 차례

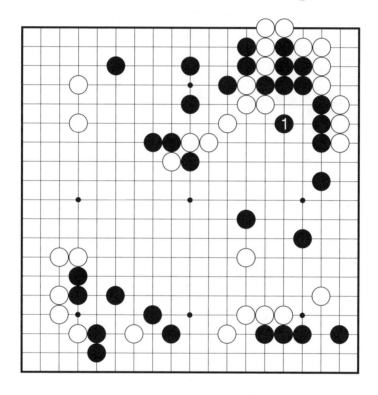

흑❶로 지키자 중앙 백 일단이 상당히 어렵게 됐다. 단
순하게 탈출을 시도하면 아래쪽 백에게 영향을 미치게
된다. 흑의 모양이 견고하지만 그 곳에서 실마리를 찾아
야 한다.

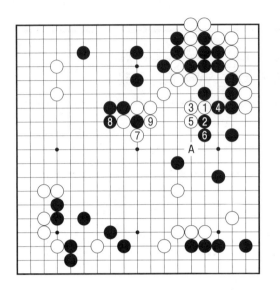

그림1(정해)

백①의 붙임이 유일한 흑의 약점. 흑❷가 능률적인 대응이지만 백⑤를 선수하면 ⑦로 한 점을 잡을 수 있다. 이렇게 안정을 하면 장차 A로 흑을 공격하는 노림이 강력하게 성립한다.

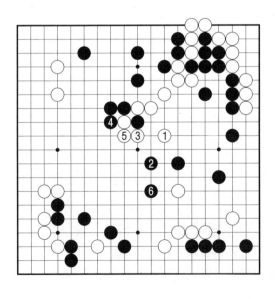

그림2(불안)

백①이면 탈출이 어렵지 않다. 그러나 흑❷·❹를 선수한 후 ❻으로 하변을 공격하면 백은 지속적으로 부담을 안고 바둑을 두어야 한다.

침입 그 이후

백 차례

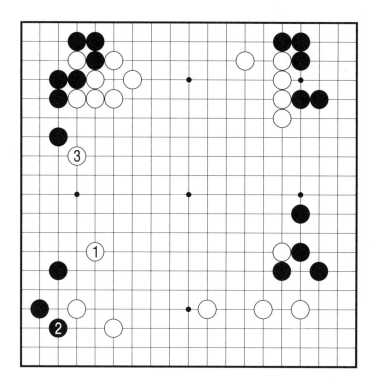

흑의 실리에 대항하기 위해서 백①·③으로 모양을 최대한 키웠다. 중앙은 너무 넓어서 아직 손을 댈 필요가 없고 하변을 침입할 찬스이다. 물론 타개 수단을 준비해 두어야 한다.

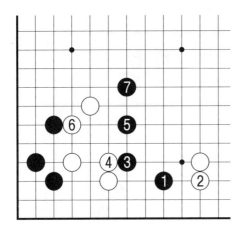

그림1(정해)

흑❶의 침입이 통렬한 급소. 백②의 쌍점으로 공격을 시작하면 흑❸으로 가볍게 수습하며 중앙을 무너뜨린다.

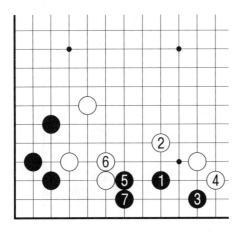

그림2(간단한 삶)

흑❶에는 일단 중앙을 막아야 한다. 백②가 중앙을 중시한 수이나 흑❼까지 간단하게 살면 백은 집 부족에 시달리게 된다.

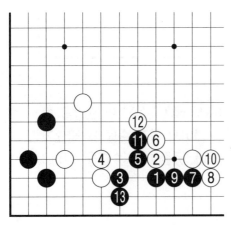

그림3(비슷한 결과)

백②로 붙여도 수습이 어렵지 않다. 흑❸의 붙임이 좋은 수로 ⑬까지 살면 백의 모양에 단점이 남아서 충분한 모습이다.

무거움을 피해서

 백 차례

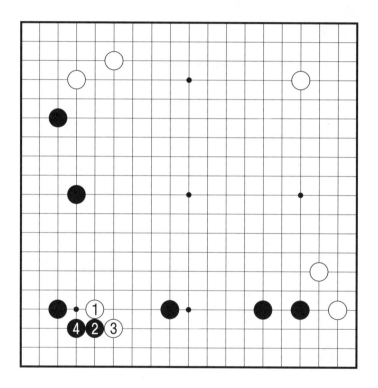

백①은 시급한 걸침. 흑의 모양이 완성되기 전에 견제를
해야 한다. 흑❷·❹는 백을 무겁게 만들어서 공격을
하려는 의도. 흑이 강한 곳이므로 백은 가볍게 처리하는
것이 좋다.

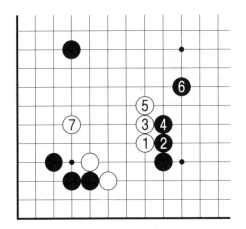

그림1(정해)

백①의 밭전자 행마가 고급
스런 수. 흑에게 기대어 리듬
을 구하려는 것이다. 백⑦까
지 자세를 잡으면 충분한 모
습이다.

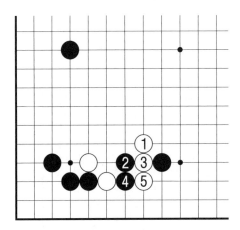

그림2(흑, 걸림)

백① 때 흑❷로 밭전자를 째
는 것은 속수의 전형. 백③·
⑤로 뚫으면 흑 한 점이 악수
가 되어 충분한 결과이다. 흑
은 귀에서 이득을 취했으나
원래 강한 곳이므로 이 정도
로는 만족할 수 없다.

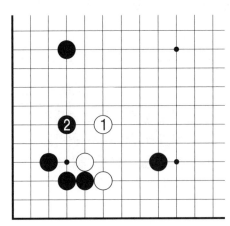

그림3(피곤)

백①도 가볍게 두려는 수이
지만 모양이 부실해서 피곤
한 진행이 예상된다. 흑❷로
집을 벌면서 추격하면 흑 모
양이 집으로 굳어질 공산이
크다.

족보에 있는 대책

 백 차례

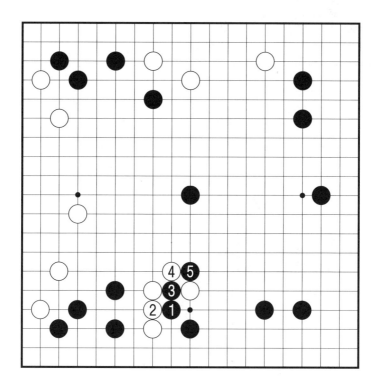

흑❶로 백의 약점을 직접 추궁한 장면이다. 유명한 형
태라서 쉽게 생각할 수 있지만 흑의 반발도 생각해야
한다.

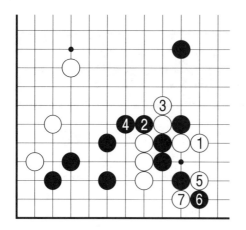

그림1(정해)

일단 백①로 뻗어야 한다. 흑
❷·❹에는 백⑤·⑦의 끊음
이 맥점으로 흑 두 점을 잡을
수가 있다. 흑❷로는 하변을
지켜야 손해를 줄일 수 있다.

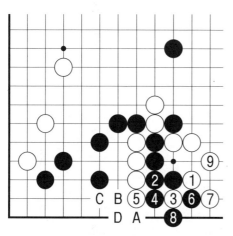

그림2(강한 반발)

백①에는 흑❷의 반발을 생
각해야 한다. 백③의 젖힘이
흑의 응수를 제한하는 맥점.
백⑨까지 두텁게 정비하면 충
분하다. 그리고 수상전은 흑A
이하 백D까지 패가 되지만 백
은 득을 본 후라 부담이 없다.

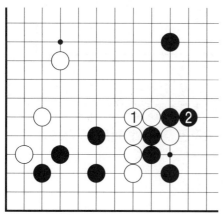

그림3(흑, 우세)

백①로 잇는 수는 흑의 무리
를 응징하지 못한 수. 흑❷로
늘면 무리수가 강수로 변한
모습. 정해와의 차이가 상당
하다.

날일자는 건너 붙여라

⚫ 백 차례

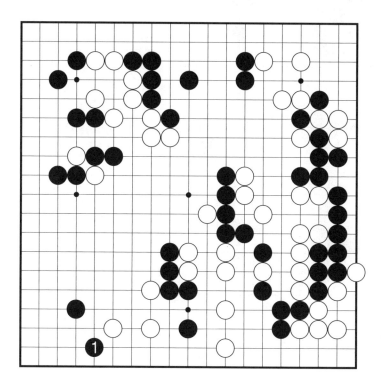

흑❶은 실리를 차지하며 백의 근거를 없애는 1석2조
의 수. 백이 수습을 하는 동안 좌변을 크게 지키려는
의도이다. 백은 이러한 의도를 꺾을 수 있는 절호의 수
단이 있다.

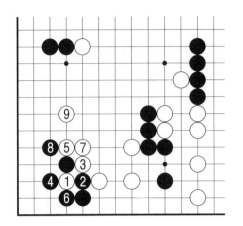

그림1(정해)

백①이 '날일자는 건너 붙여라.'라는 격언을 따른 수. 백⑨까지 좌변을 견제하며 수습을 하면 충분한 모습.

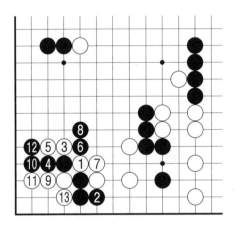

그림2(변화)

백① 때 흑❷로 꼬부리는 수가 흑의 강수. 그러나 백③·⑤가 좋은 수단으로 수습이 가능하다. 흑의 좌변 실리가 크지만 백도 ⑬으로 흑 석 점을 잡고 크게 살면 불만이 없는 모습.

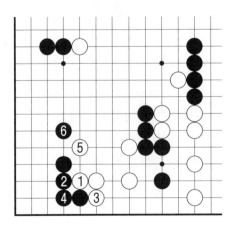

그림3(불만)

백①·③으로 서둘러 안정을 취하려는 것은 속수. 백⑤면 어느 정도 수습이 된 형태지만 흑❻으로 좌변을 크게 굳히면 불리한 결말이다.

전형적인 삭감작전

● 흑 차례

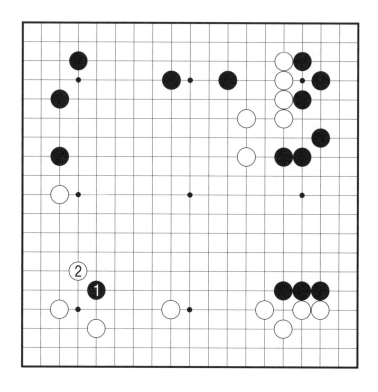

흑❶은 전형적인 삭감 수단. 지금은 백②로 좌변을 지키는 것이 정수. 흑은 ❶에 이은 후속 수단을 알고 있어야 실효를 거둘 수 있다.

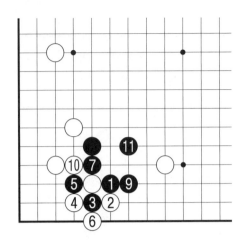

그림1(정해1)

흑❶의 붙임이 상투적인 수단. 백②의 젖힘에는 흑❸의 끊음이 준비된 수. 흑⓫까지 깨끗하게 모양을 정비하면 정답. 수순 중 백⑩을 생략하면 뒷맛이 고약해진다.

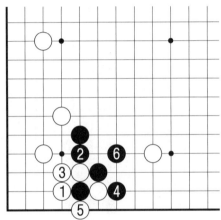

그림2(정해2)

백① 때 흑❷·❹로 단수한 다음 ❻으로 호구하면 일단락. 이 문제는 **그림1**이 최선이지만, 이 그림도 정답이라 할 수 있다.

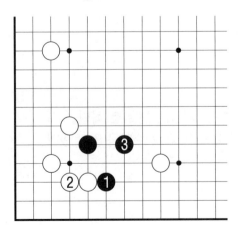

그림3(가벼운 모양)

백②는 흑에게 리듬을 주지 않으려는 고등 수법. 흑은 이 때에도 가볍게 행마를 하는 것이 요령이다. 흑❸으로 모양을 갖추면 쉽게 공격당하지 않는 형태이다.

또 다른 강수에 대한 대책

● 흑 차례

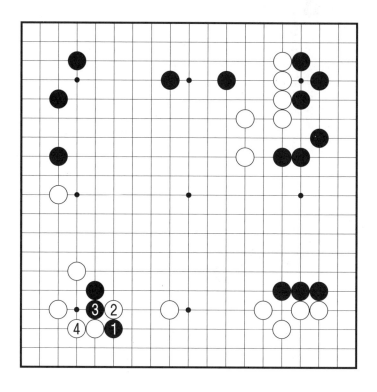

앞의 문제에서 백이 축의 유리함을 믿고 흑❶ 때 백②
로 젖혀서 강하게 반발한 장면이다. 백의 힘을 빌어서
가볍게 수습하는 것이 고급 전술.

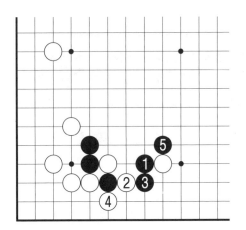

그림1(정해)

흑❶의 붙임이 상용의 맥. 백 ②에는 흑❸으로 하변을 관통한 다음 ❺로 백 한 점을 제압해서 충분한 모습이다. 귀는 어차피 백이 강했던 곳이므로 그리 손해를 본 것이 아니다.

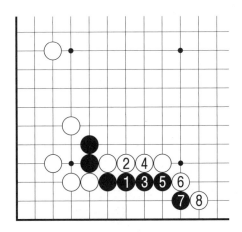

그림2(갑갑)

흑❶로 늘어서 직접 싸우려는 생각은 무모하다. 백②로 늘면 봉쇄의 형태이므로 흑은 살기 바쁘게 된다. 흑이 사는 동안 백은 막강한 세력을 쌓으면 크게 유리하다.

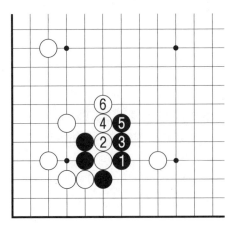

그림3(속수)

흑❶로 단수하며 중앙으로 진출하는 것은 속수의 대표 격. 백집이 크게 굳어져 상당한 손해이다. 하변 백 한 점이 좋은 위치에 있는 것도 흑의 불만. 여전히 공격을 받는 모습이다.

호구와 한 칸의 차이

○ 백 차례

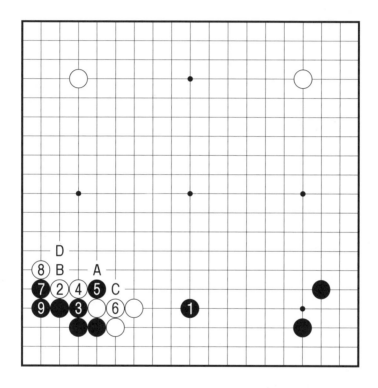

흑❶의 협공은 우하귀의 배경을 살리려는 의도. 백②의 반발은 기세. 흑❼·❾로 젖혀 이을 때 약간의 생각을 요한다. 백A 이하 흑D까지는 백의 빵때림이 쓸모가 없어서 흑이 유리하다.

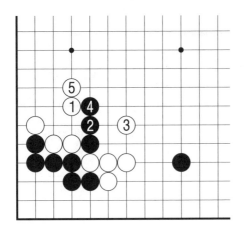

그림1(정해)

모양에 밝은 분이라면 백①을 바로 생각했을 것이다. 흑❷에는 백③이 기민한 수. 좌변의 약점을 간접적으로 보강하며 중앙에 힘을 불어넣는다.

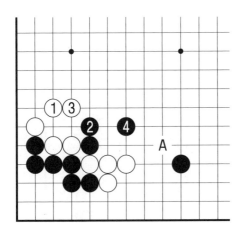

그림2(흑, 주도권)

백①의 호구 이음도 좋은 모양이지만 흑❷의 선수가 아프다. 백③으로 지키면 이제는 ❹의 자리가 흑의 차지가 된다. 다음 백A로 싸울 수는 있지만 흑이 칼자루를 쥐고 있는 모습이다.

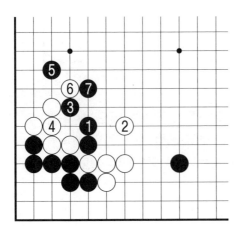

그림3(백, 죽음)

흑❶ 때 백②로 중앙을 보강하는 것은 무리. 흑❸이 형태상의 급소. 이어서 흑❺의 씌움이 맥점으로 백은 탈출할 수가 없다. 백⑥으로 발버둥쳐도 흑❼이면 아무 이변도 일어나지 않는다.

2선 달림의 효과

백 차례

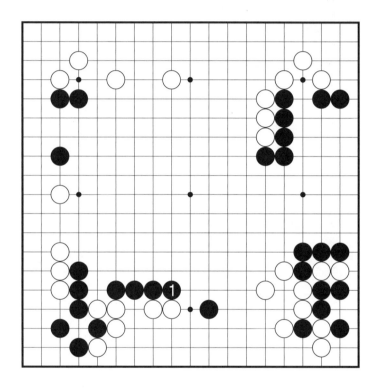

흑❶로 중앙으로의 출구를 막은 장면. 백의 모양이 부실
해서 좋은 행마가 떠오르지 않는다. 그렇다고 변까지 깨
끗하게 막히면 견딜 수가 없다.

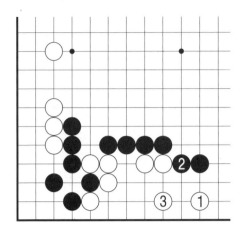

그림1(정해)

백①의 2선 달림이 경쾌한 수. 흑❷는 다소 미흡한 대응으로 보이지만 어쩔 수 없다. 흑❸으로 보강을 하면 우변과의 연결이 가능한 모습으로 성공.

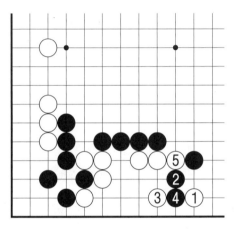

그림2(흑, 무리)

백①에 대해 흑❷로 째고 싶지만 잘 안 된다. 백③으로 흑❹를 유인한 다음 백⑤로 나가는 수가 성립하기 때문이다. 결국 흑❹로는 5의 자리에 물러서야 하는데 백이 4의 곳에 이어서 흑이 악수를 둔 모양이다.

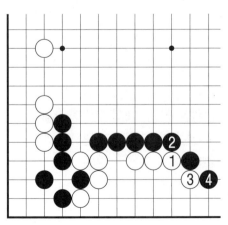

그림3(속수)

백①로 치받아서 살려고 하는 것은 엄청난 속수. 흑❹의 젖힘이 통렬해서 봉쇄가 되는 모양이다. 아직 백 모양에는 맛이 남아서 불리하다.

버림도 수습의 길

 백 차례

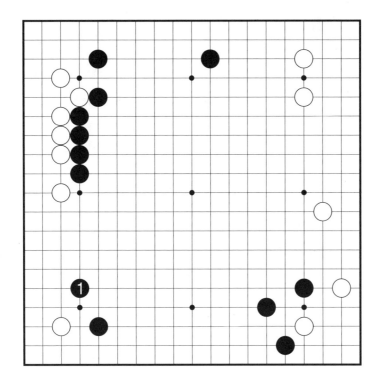

흑**1**의 씌움으로 하변에 엄청난 세력이 형성되었다. 귀
도 급하지만 하변을 견제하는 것이 우선이다. 정석이란
부분적인 결과. 판 전체를 보는 눈이 필요하다.

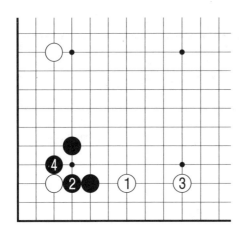

그림1(정해)

지금은 귀를 돌볼 때가 아니다. 백①이 임기응변의 호착으로 간명하게 세력을 지운다. 흑❷로 연결을 방해해야 하는데 백③으로 벌리면 간명. 귀는 흑의 차지가 되지만 백도 선수이므로 나쁘지 않다.

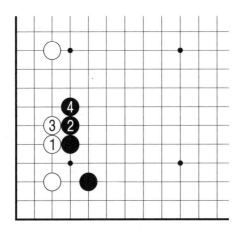

그림2(웅장한 세력)

백①로 받는 수는 부분적인 정수. 그러나 흑❷로 늘면 하변의 세력이 커진다. 정석을 외우지 말라고 한 이유가 여기에 있다. 항상 판 전체를 주시해야 한다.

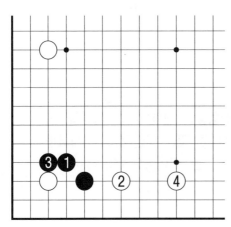

그림3(흑의 정수)

문제도에서 흑은 ❶로 마늘모하는 수가 좋다. 이때에도 백은 ②·④로 변신하게 되는데 선수가 흑에게 돌아가기 때문이다. 이 결과라면 호각이라고 할 수 있다.

재미있는 발상

 백 차례

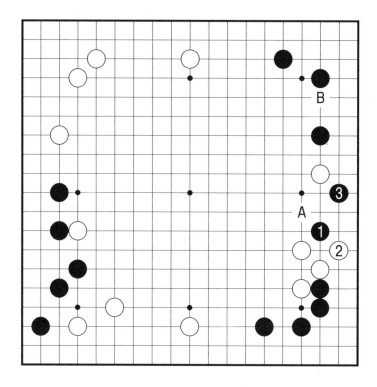

우변 흑❶의 침입은 정석에 있는 수단이다. 흑❸에는 백A로 씌우는 것이 일반적 진행. 여기서는 착상을 비약 해서 백B로 붙이는 수를 검토하려고 한다.

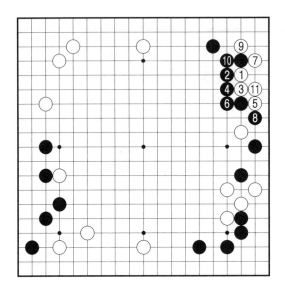

그림1(백, 유리)

백①의 붙임에 흑❷로 젖히는 변화이다. 흑❽까지 차단은 당하지만 백⑪로 살면 실리가 커서 백이 유리한 결과이다. 변의 백 넉 점은 그리 심하게 공격당할 말이 아니다.

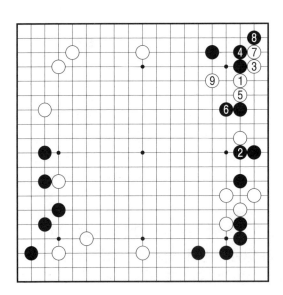

그림2(기세)

백① 때 응수를 하지 않고 흑❷로 상하를 분단하는 것이 강수. 그러나 백⑨까지 흑집을 삭감하면 나쁘지 않다. 백은 흑집을 상당히 줄였으므로 살기만 하면 충분.

치받음의 묘미

● 흑 차례

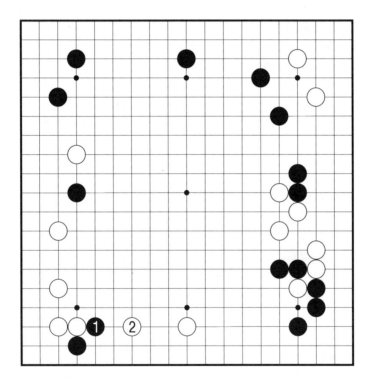

흑❶의 젖힘으로 난전이 예고된다. 백은 ②로 다가서서
흑의 근거를 없애고 공격을 하며 이득을 취하는 것이 보
통. 흑은 여기서 수읽기를 한 다음 확신을 가지고 움직
여야 한다.

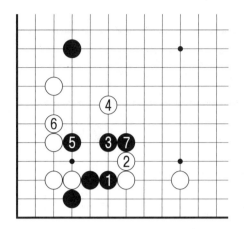

그림1(정해)

흑❶의 치받음이 좋은 수. 그 이유는 흑❸으로 뛰는 것이 가능하기 때문이다. 백④로 씌워도 흑❺의 선수로 단점을 보강하고 ❼이면 탈출에 성공한다. 백도 주위의 돌을 굳혀서 나쁘지 않다.

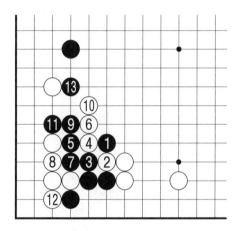

그림2(백, 무리)

흑❶에 대해 백②·④로 끊는 수는 성립하지 않는다. 흑⓭까지 좌변을 차지하면 백의 무리임이 증명된다. 백⑫로 흑⓭의 자리에 두면 흑은 ⓫ 쪽에서 젖혀 귀를 잡으면 된다.

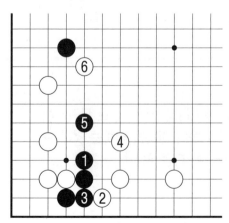

그림3(발이 느림)

흑❶로 뻗는 수는 발이 느리다. 백②를 선수하고 ④로 추격한다. 흑❺의 뜀에는 백⑥으로 기대면서 공격하는 것이 요령. 흑은 수습하기 위해서 좌변을 버려야 하므로 실패.

붙임과 끊음의 조화

백 차례

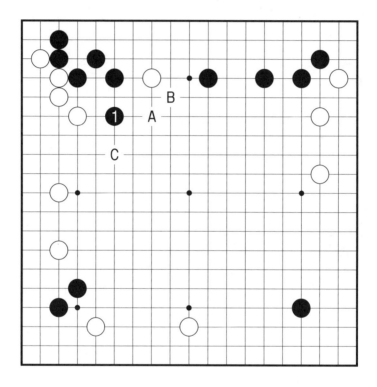

흑❶로 뛰어서 크게 공격을 한 장면이다. 백A로 뛰면 흑B를 선수한 다음 흑C로 공격하려는 심산이다. 그렇게 되면 좌변도 위험하게 된다. 백은 빨리 안정을 취하는 것이 현명하다.

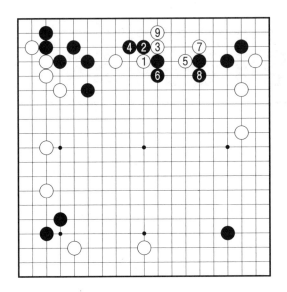

그림1(정해)

흑❶의 붙임이 정답. 흑 ❷에는 백③으로 끊어 흑의 응수를 묻는다. 흑 ❹로 뻗은 수가 최강이 나 백⑤의 맥점이 있어 변신이 가능하다. 백⑨ 까지 쌍방 둘 만한 결과 이다.

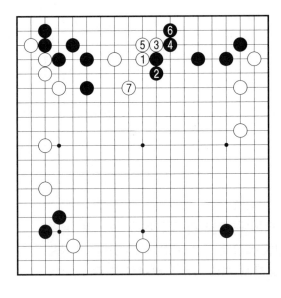

그림2(백, 여유)

백①의 붙임에 흑❷는 리듬을 주지 않으려는 수. 그러나 백③·⑤를 선수하고 ⑦로 뛰면 여 유 있는 모습이라 걱정 이 없다.

삭감은 가볍게

🔴 흑 차례

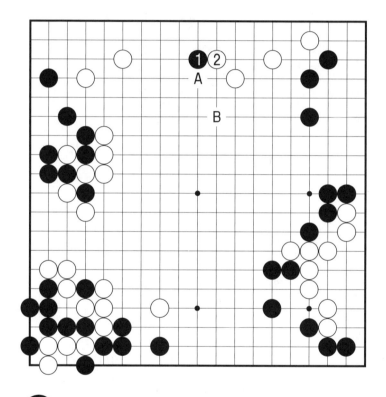

흑❶의 침입은 급소. 백은 살려줄 수는 없으므로 ②로
붙여서 흑을 무겁게 만든 다음 공격을 노린다. 흑A, 백
B가 그것. 흑은 당연히 가볍고 발빠르게 처리해야 한다.

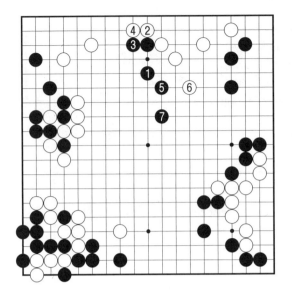

그림1(정해)

흑❶의 한 칸 뜀이 올바른 행마. 백②·④로 실속을 챙기면(사실 이것이 백의 최선) 흑❺가 좋은 행마. 흑❼로 뛰면 멀리서 백의 세력을 견제하는 모습이라 좋다.

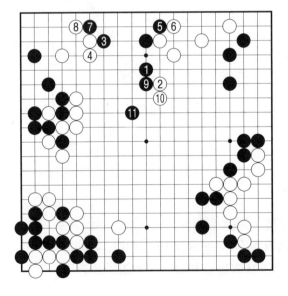

그림2(흑, 성공)

흑❶에 대해 백②로 덮어씌워 크게 공격을 하면 자체 수습을 노린다. 흑❼까지 탄력을 풍부하게 만든 다음 흑⓫로 뛰면 유리. 백은 기분만 냈을 뿐 실속이 없는 결과이다.

정수리의 급소

⚪ 백 차례

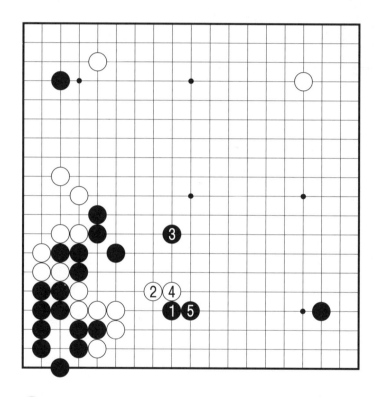

좌하귀에서 전투형 정석이 이루어진 후의 모습. 흑❶의
공격으로 어느새 중반전에 들어섰다. 백②가 행마법으
로 중앙 진출을 서둘러야 한다. 흑❺ 때가 작전의 기로.
계속 밀기는 싫은 곳이다.

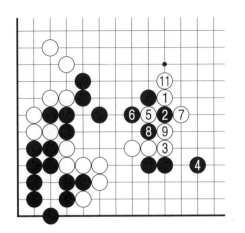

그림1(정해)

백①의 붙임이 재미있는 수.
백③이 선수이므로 가능한 수
이다. 흑❷로 반발하면 백
⑤·⑦이 상용의 맥. 백⑪까
지 중앙을 점령하며 수습을
하면 성공적인 결과.
(흑❿ … 백⑤)

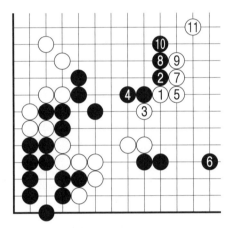

그림2(백, 호조)

백① 때 흑❷로 바깥쪽에서
젖히면 백③의 되젖힘이 형태
를 정비하는 좋은 수. 흑❻의
보강이 필요할 때 백⑪까지
시원하게 행마를 할 수 있다.

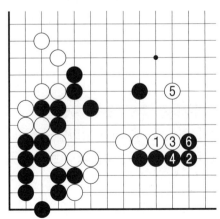

그림3(백, 고전)

백①·③으로 민 다음 ⑤로
뛰는 것도 좋아 보이지만 흑
❻의 꼬부림이 급소라 괴로
운 형태이다. 연결의 형태가
불확실하기 때문이다. 그렇다
고 보강을 하면 당한 모양이
된다.

3·三 침입에 대한 대책

● 흑 차례

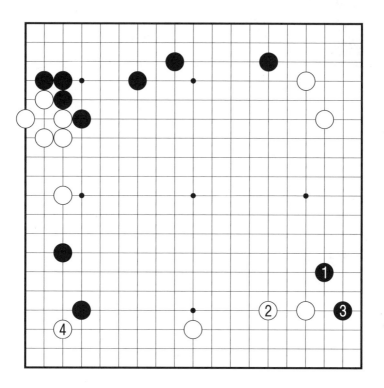

흑❶ · ❸에 손을 빼는 것은 현대 바둑의 특징 중 하나. 나중에 주변 상황을 고려해 변화를 하기 위함이다. 백 ④의 침입에는 여러 가지 응수법이 있지만 배석을 고려해서 선택해야 한다.

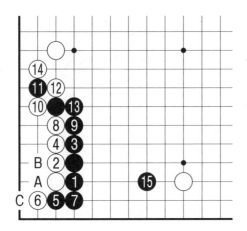

그림1(정해)

일단 흑❶로 막는 것이 올바른 방향이다. 이어서 흑❸·❺가 좋은 선택으로 흑⓯까지는 필연. 백집은 흑A, 백B, 흑C로 패를 하는 끝내기가 있어서 생각보다 별게 없다.

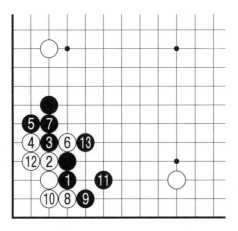

그림2(백, 충분)

본그림의 진행은 백이 3·三 침입했을 때 가장 많이 두어지는 정석이다. 그러나 지금은 주변에 백이 안정해 있는 상태라서 좋지 않다. 선수도 백의 차지이므로 불만이다.

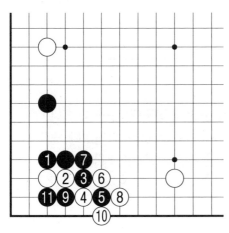

그림3(약간 당함)

흑❶로 막는 변화도 예상할 수 있다. 흑⓫까지 귀를 지키면 무난. 그러나 하변의 백이 선수로 강화된 것이 흑으로선 불만이다. 간명하지만 약간 당한 결과이다.

예상치 못한 강수

⚫ 흑 차례

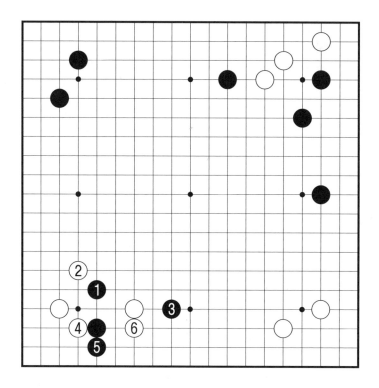

 이 대국은 1972년 명인전 도전 5번기 제4국으로 흑
은 조남철 명인이고, 백은 서봉수 二단(당시)이다. 서
九단은 이 바둑을 이겨 19세에 二단의 신분으로 명인
에 등극한다. 백④ · ⑥이 아무도 예상하지 못한 강
수. 흑의 수습책은?

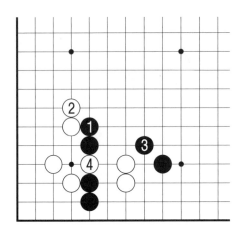

그림1(정해)

흑❶로 민 다음 ❸으로 씌우는 것이 제일감. 이로써 백 두 점이 갑갑한 모양이다. 그러나 백④의 끼움이 준비된 수. 흑은 여기서 다시 생각을 해야 한다.

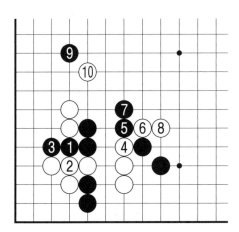

그림2(외길)

앞그림에 이어서 흑은 ❶ · ❸으로 변을 돌파해야 한다. 기세의 바꿔치기로 백⑩까지는 필연. 백의 실리가 크지만 흑도 공격을 하며 이득을 취하면 나쁘지 않다.

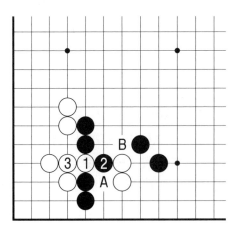

그림3(무책)

백①의 끼움에 흑❷로 단수하는 것은 생각이 짧은 수. 백③으로 이으면 흑은 수습이 불가능하다. 흑A에는 백B로 탈출이 가능하기 때문.

전혀 다른 결과

● 흑 차례

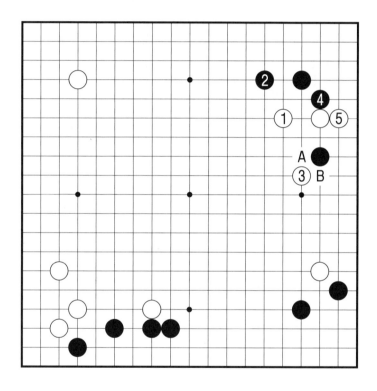

백①·③의 선택은 우하귀 백 한 점을 활용하기 위한
것. 흑은 ❹를 선수한 다음 A나 B로 움직여야 한다. 흑
의 미는 방향에 따라 전혀 다른 결과가 나타난다.

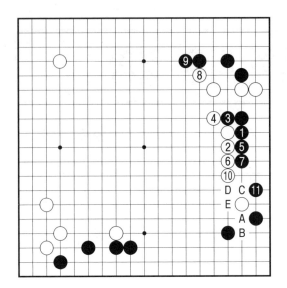

그림1(정해)

흑❶로 미는 수가 백의 반발을 피한 좋은 수. 이어서 흑❸을 선수해도 늦지 않다. 흑⓫까지 연결하면 나쁘지 않다. 백A로 약점을 노리면 흑F까지 대응하면 된다.

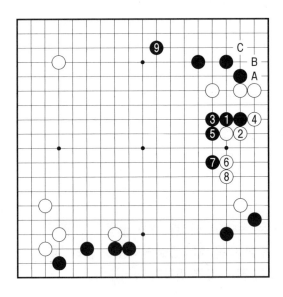

그림2(흑, 불리)

흑❶로 미는 수는 백②의 반발이 좋은 대응. 백⑧까지 우변을 굳히면 충분한 결과. 흑❾가 급한 곳이지만 백A, 흑B 때 백C의 침입을 당하면 실속이 없다.

안정을 위한 희생

백 차례

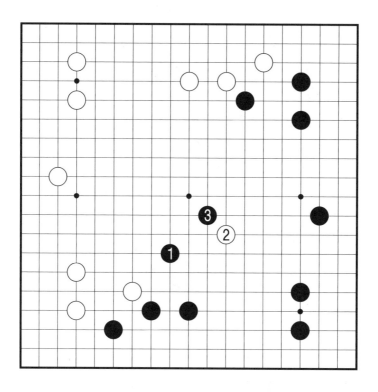

백이 흉내 바둑을 두다가 흑❶ 때 멈추고 백②로 삭감
을 한 장면이다. 흑❸이 좋은 공격 수단으로 퇴로를
차단하고 최대한 압력을 행사한다. 과연 백은 무사할
수 있을까?

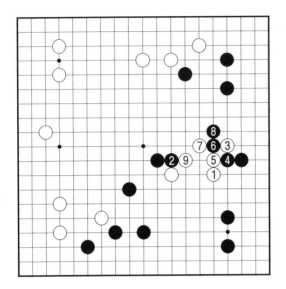

그림1(정해)

백①로 뛰어서 흑❷와 백③의 곳을 맞보는 것이 좋은 감각. 흑❷로 밀면 백③으로 씌운다. 흑❹ · ❻의 끊음을 기다려 형태를 정비하려는 것이다. 백⑨로 호구하면 안정감 있는 모양이다.

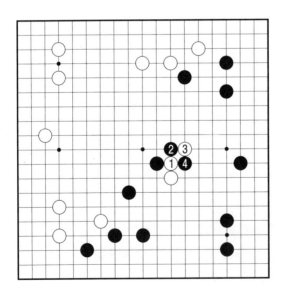

그림2(흑의 강수)

백①로 그냥 미는 수는 위험하다. 흑❷ 때 백③으로 젖혀야 하는데, 흑❹로 끊는 강수가 있기 때문. 주위가 온통 흑 천지라 그 어떤 처방도 효과를 내기 어렵다.

흑의 속마음

백 차례

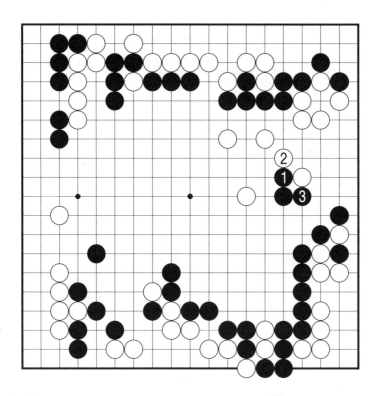

백의 발빠른 실리작전이 주효해서 우세한 국면이다. 흑은 ❶·❸으로 백을 공격하며 역전의 실마리를 찾아야 한다. 백은 이러한 흑의 의도를 간파하고 어떠한 약점도 남겨서는 안 된다.

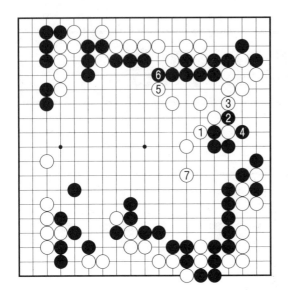

그림1(정해)

백①로 중앙을 두텁게 보강하는 것이 좋다. 흑 ❷ · ❹로 집을 벌면서 전체를 공격하면 백⑦ 까지 흑 세력을 지우며 타개해서 유리하다.

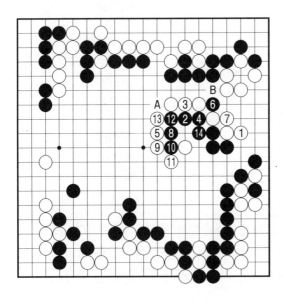

그림2(백, 걸림)

백①로 삶을 서두르는 것은 흑이 바라는 바. 흑❷가 급소로 백의 연결고리에 문제가 생겼다. 흑❶까지 A, B가 맞보기라 백이 걸린 모습. 우변 사활이 패이기 때문이다.

능률적인 차단

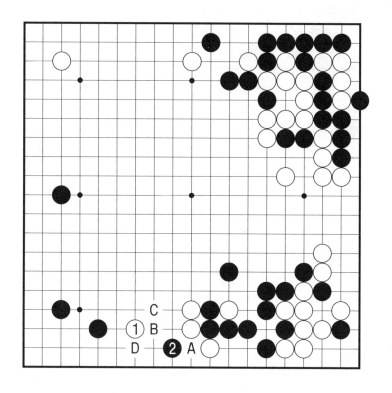

백①로 벌려서 안정을 취했다. 그런데 흑❷의 치중을 당하니 쉽지가 않다. 백A로 이으면 흑B, 백C, 흑D로 백의 근거를 빼앗으며 연결을 한다. 백은 일단 연결을 차단하는 모든 수단을 강구해야 한다.

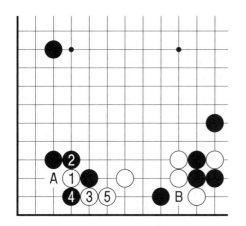

그림1(정해)

백①의 붙임이 멋진 맥. 흑❷에는 백③·⑤로 붙여 끄는 수단이 제격이다. A와 B를 맞보기로 하면 간단히 수습된다.

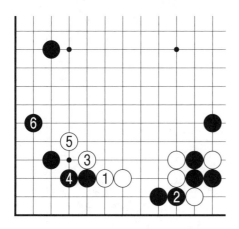

그림2(백, 불만)

백①의 치받음도 연결을 방해하는 수. 그러나 흑❷로 한 점을 잡을 때 마땅한 다음 수가 없다. 흑의 실리가 착실한 반면 백은 근거가 부족한 모습이다.

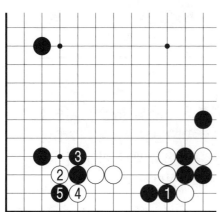

그림3(응수 두절)

흑❶ 때 백②로 꺼붙이는 수도 맥점. 그러나 흑❸으로 뻗고 ❺로 끊는 수가 있어서 응수가 두절된 모습이다.

기대면서 정비

● 흑 차례

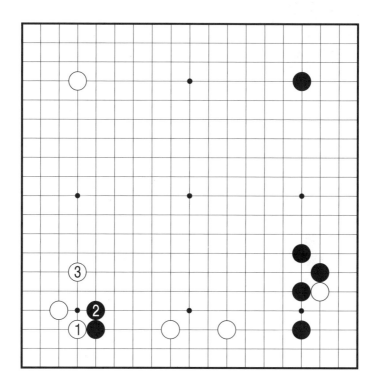

백①·③의 공격은 흔히 볼 수 있는 형태. 그러므로 이
에 대한 대책도 잘 살펴볼 필요가 있다. 백이 강한 곳이
므로 가볍게 운신해야 한다.

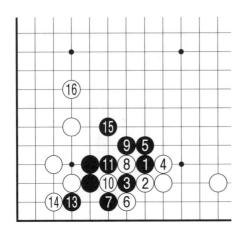

그림1(정해)

흑❶로 어깨를 짚는 것이 좋은 감각. 백⑧의 끊음에는 흑❾·⓫로 돌려치는 것이 행마법. 흑⓭, ⓯로 호구하면 두텁게 모양을 정비할 수 있다.

(백⑫ … 흑❸)

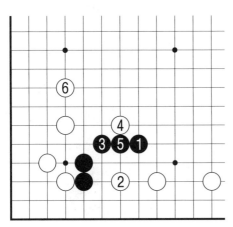

그림2(근거 부족)

흑❶은 경쾌하고 발빠른 수법. 그러나 백②가 근거의 요처로 흑의 형태가 약하다. 백④를 활용하고 ⑥으로 지키면 흑은 정처없이 떠돌아야 한다.

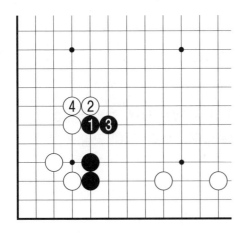

그림3(악수)

흑❶로 붙여서 모양을 강화시키는 수법은 급할 경우에 사용하는 것이 보통. 백도 튼튼해지기 때문이다. 흑은 미생이지만 악수를 둘 만큼 위태롭지는 않다.

돌의 경중을 파악

● 흑 차례

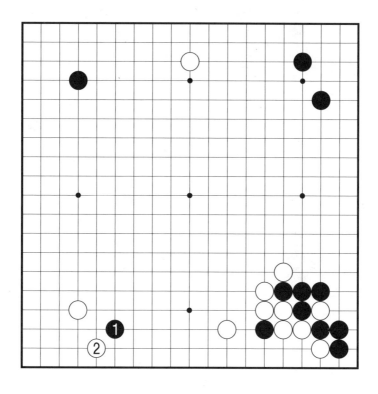

흑❶의 걸침은 올바른 방향. 더 이상 굳어지기 전에 하
변을 견제해야 한다. 백②가 세력을 활용하기 위한 선
택. 흑은 어디까지나 가볍게 두는 것이 원칙.

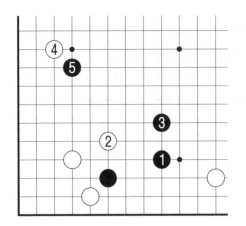

그림1(정해)

흑❶의 벌림이 새털처럼 가벼운 행마. 백②의 씌움에는 흑❸으로 뛰어 가벼움을 유지한다. 백이 강한 곳이므로 이렇게 가볍게 두고 후일을 기약해야 한다. 백④에는 흑❺로 삭감해서 별게 없다.

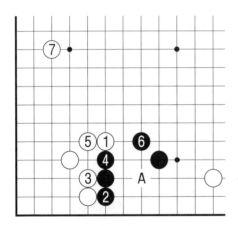

그림2(급소 노출)

백①의 씌움에 흑❷로 근거를 마련하는 것은 애초의 취지에서 벗어난 수. 흑❻으로 모양을 갖추지만 A의 급소가 남아서 무거운 형태라 할 수 있다.

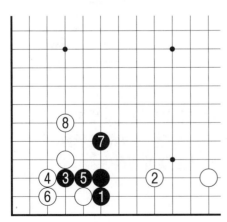

그림3(백의 반발)

애초에 흑❶로 막는 수는 백②의 반발이 예상된다. 흑❸이 맥점이지만 백④로 받으면 흑을 공격할 수 있다. 백⑧까지 흑이 공배를 두는 동안 백은 양쪽을 두어서 만족한다.

교묘한 축머리

● 흑 차례

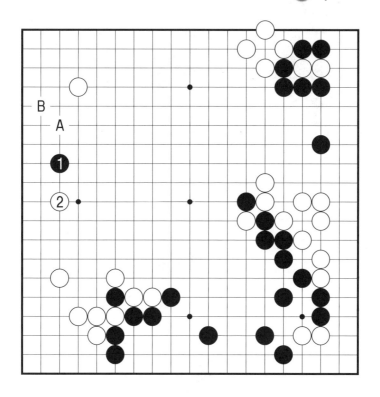

흑❶의 갈라침은 위쪽으로 치우친 감이 있지만 아래쪽
세력을 감안하면 여기가 맞는 자리이다. 백② 다음 흑A
는 백B로 공격을 받으므로 좋지 않다. 백②에 붙이고
싶은데 반발을 고려해야 한다.

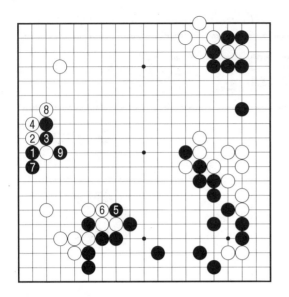

그림1(정해)

흑❶의 붙임이 재미있는 수. 그러나 백②·④의 반발을 생각해야 한다. 흑❺가 교묘한 축머리. 흑❼·❾면 축이 성립해서 성공. 백④의 반발이 성립하지 않는다는 것을 보여 준다.

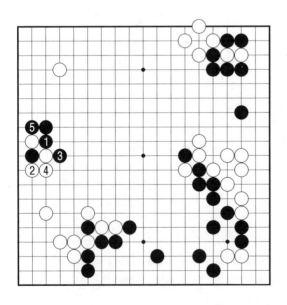

그림2(흑, 편함)

그림1의 축머리 때문에 백은 ②로 물러서야 한다. 그러면 흑❸을 선수하고 ❺로 단수. 이 형태는 거의 안정된 모양이다.

예고된 준동

● 흑 차례

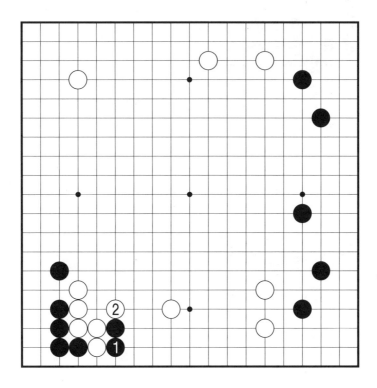

흑❶은 정석 이후에 꼭 나타나는 예고된 움직임이다. 흑은 최대한 하변을 깨야 하고 백은 두터움으로 맞서야 한다. 흑의 형태에 탄력을 붙이는 다음 한 수는 어디일까?

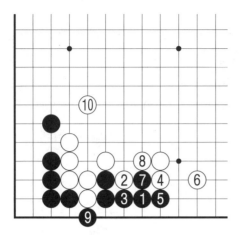

그림1(정해)

흑❶이 중앙의 약점을 노리며 하변으로의 진출도 가능하게 하는 1석2조의 수. 백은 ②로 단수한 다음 ④로 내려서는 것이 간명한 선택이다. 백⑩까지 하변은 깨졌지만 두터움을 유지할 수 있다.

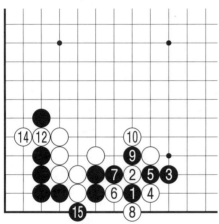

그림2(바꿔치기)

흑❶에는 백②가 형태상의 급소. 흑도 ❸이 좋은 수로 백⑩까지 패가 불가피하다. 흑⓯로 넘어서 패 공방은 일단락. 결과는 하변을 깬 흑이 기분은 좋은 모습이다.

(흑⓫ … 흑❶, 흑⓭ … 백②)

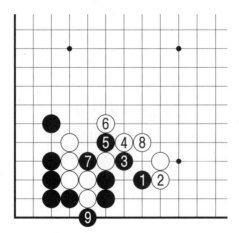

그림3(백, 우세)

흑❶은 한 줄 차이지만 백②로 막히면 답답한 모습. 흑❸·❺로 끊어도 백⑥의 되단수가 있어서 성과를 거두지 못한다. 백⑧로 늘면 두터워서 충분.

기막힌 타협

● 흑 차례

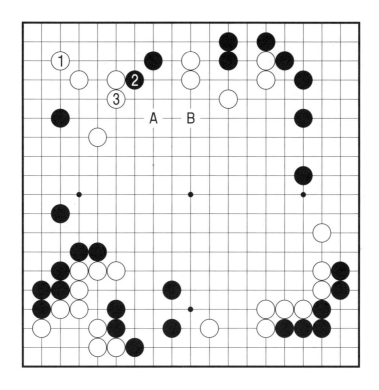

백①은 실속을 챙기면서 공격을 노리는 침착한 강수. 흑
의 수습이 만만치 않은 장면이다. 흑A는 백B로 형태를
정비하며 공격할 것이 뻔하므로 다른 수를 찾아야 한다.

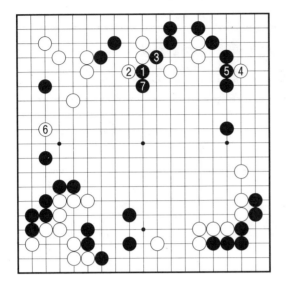

그림1(정해)

흑**①**이 기상천외한 맥점. 흑 두 점을 직접 살리는 것이 아니라 우상쪽 백 석 점을 취하려는 수이다. 흑**⑦**이 침착한 수. 백보다는 흑의 진영이 튼튼하고 크다.

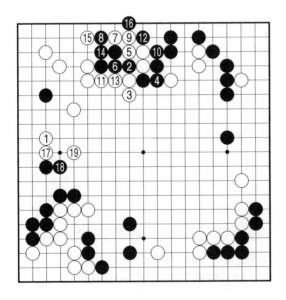

그림2(흑, 걸림)

백① 때 흑**②**로 백 두 점을 잡는 것은 백이 바라던 바. 선수로 상변을 싸바른 다음 백⑰ · ⑲로 문단속을 하면 흑은 잡고도 망한 결과이다. **앞그림**의 흑**⑦**이 침착한 이유가 여기 있다.

귀를 활용한 수습

 백 차례

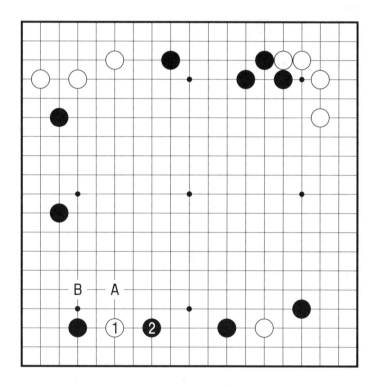

백①은 다소 변칙적인 걸침. 흑❷는 자신이 우세한 곳
이므로 강하게 두려는 수. 백A에는 흑B로 집을 만들면
서 공격하려는 것이다. 그러나 백에게 좋은 수습 수단이
있어서 흑❷는 효과를 거두기 어렵다.

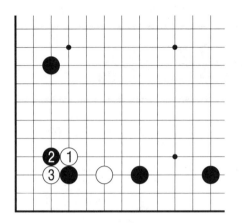

그림1(정해)

백①로 붙이고 ③으로 끊는 수가 상용의 맥. 소목정석으로 환원된 모습. 백은 흑의 응수에 따라 한쪽만 안정하면 성공이다.

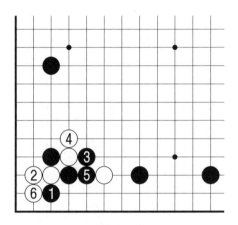

그림2(정해 계속)

그림1에 이어서 흑은 ❶ · ❸으로 단수치는 것이 기본 정석. 백⑥으로 귀를 차지하면 실리도 제법 되고 좌변 흑 진영을 깨서 충분한 결과이다.

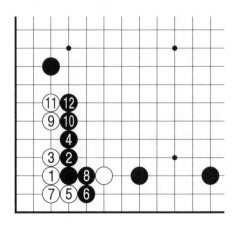

그림3(극한 대립)

백①로 붙이는 수도 생각할 수 있다. 흑은 ❷로 느는 수가 간명. 흑⑫까지 힘있게 누르면 백의 실리보다 흑의 세력이 큰 모습이다.

묘한 방향

 백 차례

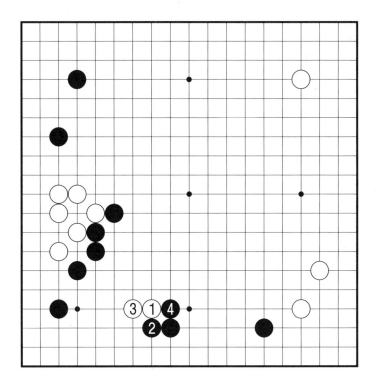

백①은 적극적인 삭감. 흑집을 최대한 납작하게 줄이지
만 공격받을 가능성이 있다. 흑❷로 민 다음 ❹로 꼬부
리는 것이 두터운 수법. 백의 다음 한 수를 감각에 의존
하면 실패하기 쉬운 곳이다.

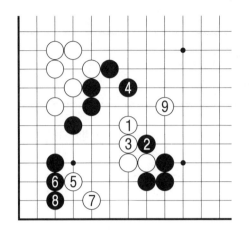

그림1(정해)

다소 엉뚱해 보이지만 백①이 의미있는 수. 흑에게 리듬을 제공하지 않는다. 백⑤·⑦을 선수하고 ⑨로 날일자해서 중앙으로 탈출하면 쌍방 무난한 진행이다.

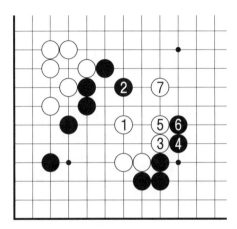

그림2(백의 의도)

그림1의 흑❷는 생략할 수 없는 긴요한 수. 만약 백① 때 흑❷로 지키면 백③에 젖힐 수가 있어서 수습하기가 한결 편해진다.

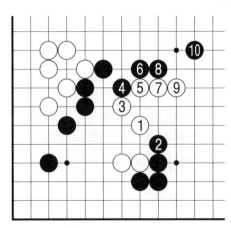

그림3(흑, 충분)

보통은 백①로 뛰는 것이 행마법. 그러나 흑❷를 선수하고 ❹로 지키는 흑의 자세가 좋다. 백⑤로 젖히지만 흑❿까지 충분. 백은 공배를 두지만 흑은 세력을 쌓고 있는 모습이다.

능률적인 처리

● 흑 차례

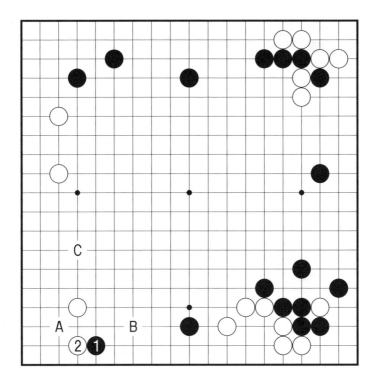

흑❶은 능률을 추구한 수. 그냥 흑B로 벌리면 백이 귀를 굳히면서 은근히 압력을 행사할 가능성이 있다. 흑❶에는 백A, 흑B, 백C면 무난. 그런데 백이 ②로 강하게 버틴 장면이다. 흑도 강하게 두는 것이 기세.

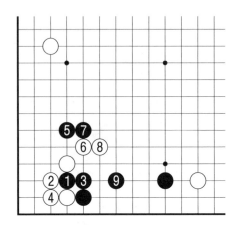

그림1(정해)

흑❶의 끼움이 백의 모양에 약점을 남기는 수. 흑❺ · ❼이 강수로 백을 공격하면서 하변을 수습한다. 흑이 양쪽을 둔 결과이므로 유리하다.

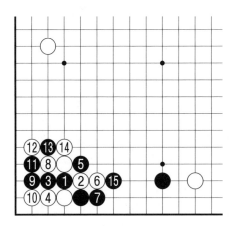

그림2(백, 파탄)

흑❶의 끼움에는 백②가 강력한 반발이지만 사실은 무리이다. 흑❺ · ❼이 행마법. 백은 ⑫로 막아야 하는데, 흑⓭ · ⓯가 좋은 수순으로 백 두 점을 축으로 잡는다.

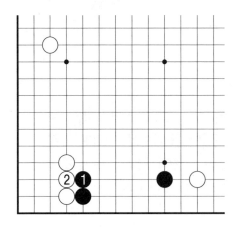

그림3(흑, 소심)

흑❶은 나약한 수. 백②로 이으면 귀가 크게 들어간다. 더 중요한 것은 흑의 모양이 약해서 보강이 필요한데 마땅한 자리가 없다.

묘수의 위력

⚪ 백 차례

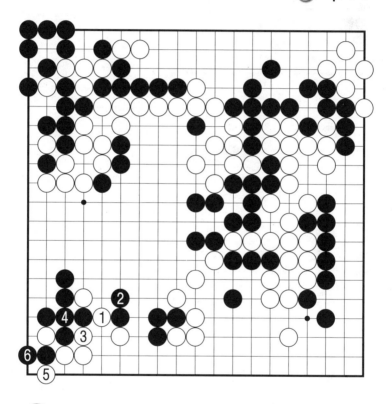

⌇ 좌하귀 수습이 승리로 가는 마지막 관문. 하변의 집이
커서 백이 유망한 국면이다. 그러나 좌하귀 결과에 따
라서 형세가 바뀔 수 있다. 묘수 한 방이면 모든 걱정이
사라진다.

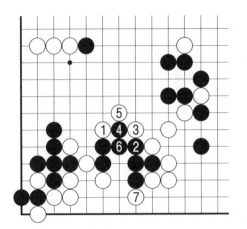

그림1(정해)

백①의 붙임이 흑의 응수를 제한하는 묘수. 흑❷·❹가 보통인데, 백⑤를 단수한 다음 백⑦의 젖힘이면 연결이 가능하다. 중앙에서 흑의 뒷수를 메운 것이 연결을 가능하게 한다.

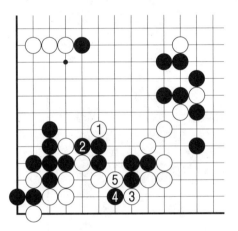

그림2(마찬가지)

백①에 대해 흑❷로 받아도 상황은 변하지 않는다. 흑❹에는 백⑤로 끊으면 수습이 가능한 모습.

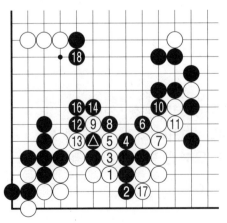

그림3(백, 불만)

백①로 두어도 삶은 가능하다. 그러나 중앙에 흑집이 생겨서는 엄청난 손해이다. 백⑰을 생략하면 1선으로 내려서는 수가 있어서 백집이 많이 파괴된다.
(백⑮ … 흑▲)

폭넓은 경계선

백 차례

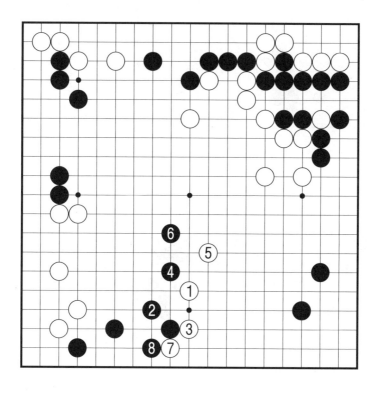

백①이 의미심장한 수. 흑이 하변을 받으면 백②로 씌워서 중앙을 키우려는 의도이다. 흑❷가 정수로 백의 세력을 견제해야 한다. 흑❽까지 된 다음 우하귀 처리가 관건이다.

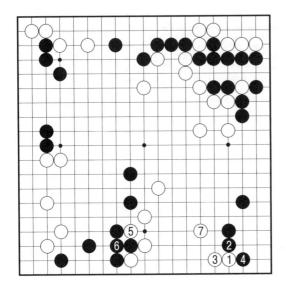

그림1(정해)

백①로 깊숙이 쳐들어 가는 것이 좋다. 흑 ❷·❹로 귀를 지켜야 하는데, 백⑦까지 넓게 안정할 수가 있다.

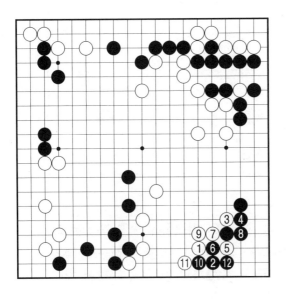

그림2(미흡)

백①의 걸침이 보통이 지만 귀가 크게 굳어진 다. 그리고 백의 모양에 맛이 남아서 불만이다.

백 차례

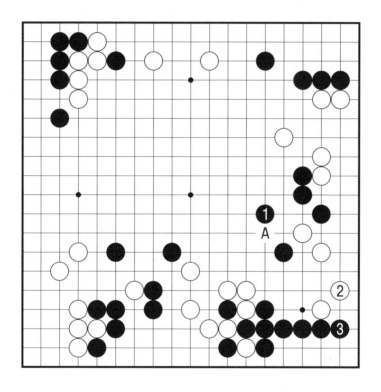

흑❶의 씌움으로 백이 갇힌 모습이다. 그러나 A의 건너
붙임이 있어서 그리 걱정할 것이 없다. 그러나 위쪽의
백이 완생이 아니라서 흑이 반발할 가능성이 있다. 수순
의 묘를 살려서 안전하게 수습한다.

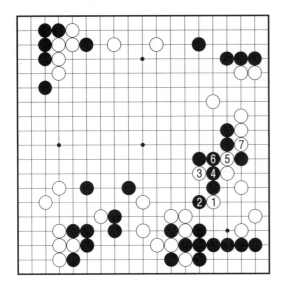

그림1(정해)

백①의 붙임이 우선. 흑❷와 교환한 후에 백③으로 건너 붙이는 것이 좋다. 흑❻은 어쩔 수 없는 후퇴. 백⑦로 넘으면 수습 끝. 흑도 두터워서 그리 불만은 아니다.

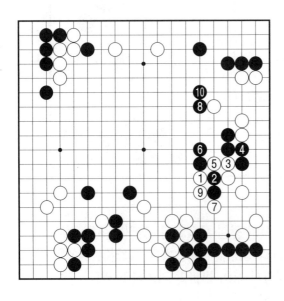

그림2(승부)

백①로 그냥 붙이면 백⑦ 때 흑❽의 붙임으로 반발할 가능성이 있다. 백⑨로 두 점을 잡아야 하는데, 흑❿이면 백의 생사가 승부와 직결된다. 그냥 살기는 힘든 모습이다.

평범 속의 진리

◖ 백 차례

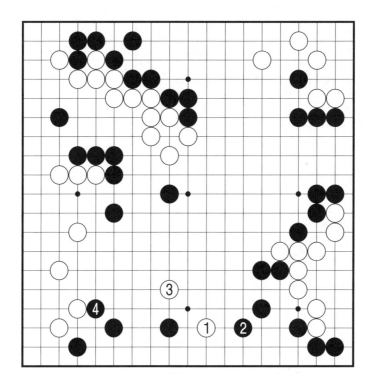

　백①로 흑❷와 교환한 다음 백③으로 삭감한 장면이다. 직접 공격하는 것은 확실하지 않다고 생각해서 흑❹로 외곽을 정비했다. 이제 백이 수습할 차례. 맥점이나 묘수만이 좋은 것은 아니다.

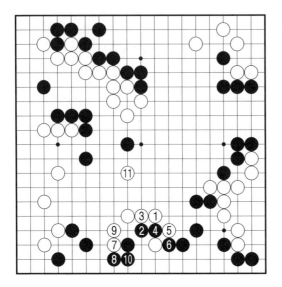

그림1(정해)

백①이 가장 평범하면서도 좋은 수. 흑❷로 약점을 찌르면 하변을 가볍게 처리한 후 백⑪로 뛰어서 수습한다. 이러면 역습도 노릴 수 있는 모습이다.

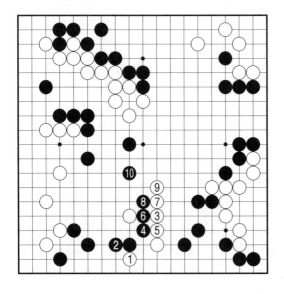

그림2(흑, 만족)

백①의 붙임은 상용의 수습책이지만 흑❷로 물러서면 부담으로 남는다. 이제는 흑❹에 백⑤로 이어야 하는데, 흑❿까지 두터움을 허용해서 좋지 않다.

끊기 쉬운 유혹

● 흑 차례

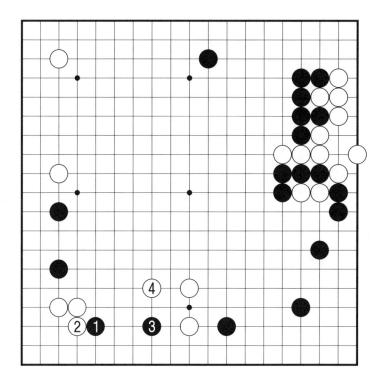

흑❶은 침입의 급소. 백②를 확인한 후에 흑❸으로 벌렸다. 자체 근거와 중앙으로의 탈출, 그리고 오른쪽과의 연결을 맞보는 수단이다. 백④의 공격에는 유일한 타개책이 있는데, 그 후를 생각해야 한다.

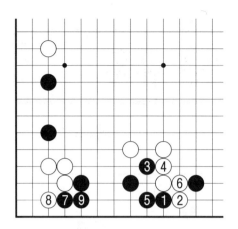

그림1(삶)

흑❶의 붙임이 상용의 맥. 그러나 백②때 흑❸을 선수하고 ❺로 잇는 수가 중요하다. 흑❼ · ❾로 젖혀 이으면 간단하게 삶을 구할 수 있다.

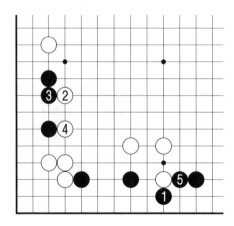

그림2(실전)

백은 **그림1**의 결과가 신통치 않으므로, 흑❶ 때 백② · ④로 손을 돌린 모습이다. 흑❺로 하변을 가일수해서 실리를 챙기면 좌변 공방이 승부에 작용한다.

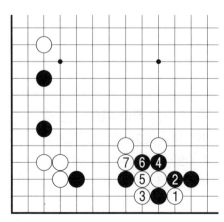

그림3(흑, 손해)

그림1의 수순 중 백①의 젖힘에는 흑❷로 끊기 쉬운 곳으로 주의를 해야 한다. 흑❻으로 연결을 시도해도 백⑦로 끊으면 흑은 수습 불능의 상태가 된다.

씌움을 피해서

● 흑 차례

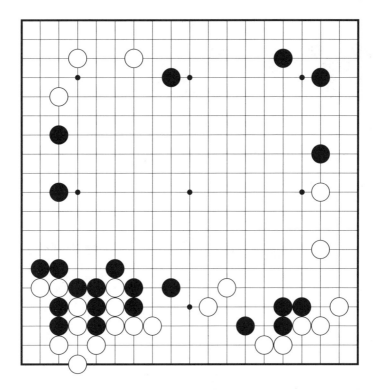

초점은 우하귀 흑을 운신하는 것이다. 중앙으로 탈출해
야 하는데, 백의 씌움을 조심해야 한다. 탈출을 할 때는
넓은 쪽으로 하는 것이 바람직하다.

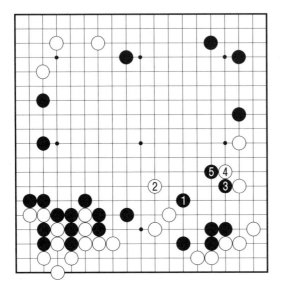

그림1(정해)

흑❶이 경쾌한 행마. 백②로 크게 공격을 해야 하는데, 흑❸·❺로 젖혀 나가는 리듬을 탈 수 있다.

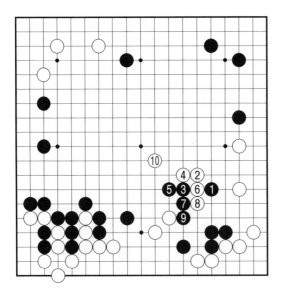

그림2(흑, 비세)

흑❶이 생각하기 쉬운 행마이나 백②의 씌움이 강력해서 곤란한 모습이다. 흑❸이 고육지책이나 백④·⑥에 흑❼로 빈삼각을 둬야 하는 것이 아프다.

철벽 구축을 피해서

백 차례

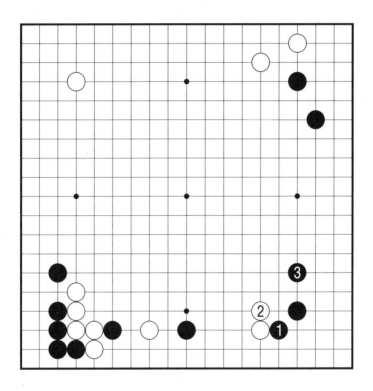

흑❶ · ❸의 공격은 당연한 진행. 백은 두 점을 수습해야 하는데 문제가 있다. 하변의 흑 한 점이 강화되면 왼쪽의 백이 엷어지는 것이다. 왼쪽 백에 최대한 영향을 끼치지 않고 수습을 해야 한다.

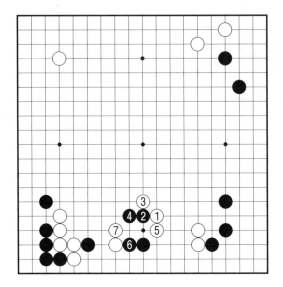

그림1(정해)

백①이 경쾌한 행마. 흑
❷로 붙여서 중앙으로
진출을 해야 하는데, 백
⑦까지 양쪽을 정비할
수 있다.

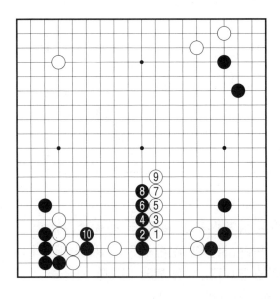

그림2(백, 고전)

백①로 어깨를 짚는 것
이 보통의 행마. 그러나
흑❽까지 시원하게 밀
어서 벽을 만든 다음
흑❿으로 백을 공격하
면 수습이 어려운 모습
이다.

수습

51

탄력을 구하는 수순

● 흑 차례

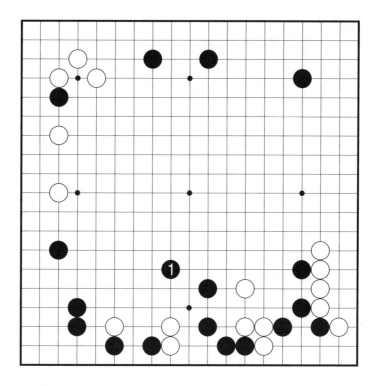

흑❶의 공격에 하변 백 석 점이 휘청거린다. 안형이 전혀 없는 상태라서 더욱 위험해 보이는 것이다. 그러나 모양에 탄력을 붙이면 타개가 어렵지만은 않다.

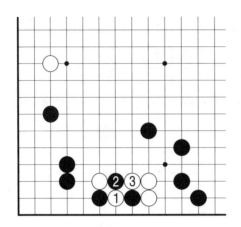

그림1(정해)

백①의 끼움이 좋은 수. 흑❷를 유도한 다음 백③으로 단수를 쳐서 탄력을 구하려는 것이다.

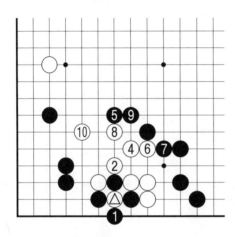

그림2(정해 계속)

앞그림에 이어서 흑❶로 따면 백②·④로 호구쳐서 안형을 만든다. 백⑥을 선수하고 ⑩까지 처리하면 어렵지 않게 수습할 수 있다.
(흑❸ … 백△)

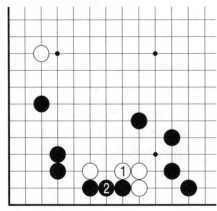

그림3(무기력)

백①로 단순히 꼬부리면 흑❷로 이어서 안형을 갖출 수가 없다.

급소를 당했지만

백 차례

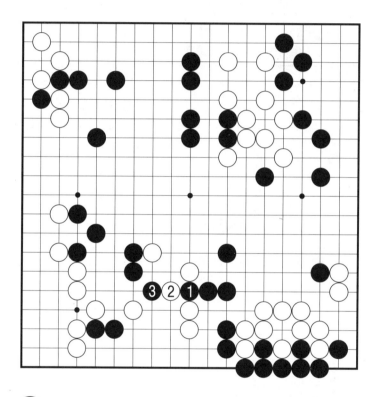

흑❶로 찌르고 ❸으로 껴붙이는 것이 흑의 노림. 백은 하변이 뚫려서는 안 된다. 그렇다고 중앙을 쉽게 포기하면 역시 실패.

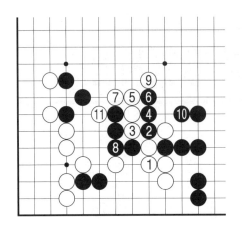

그림1(정해)

불문곡직 백①로 이어야 한다. 흑❷로 끊으면 백도 ③으로 끊고 일전불사. 백⑦의 꼬부림에 흑❸은 무리. 백⑨가 선수이므로 ⑪로 젖히면 흑넉 점을 잡을 수 있다.

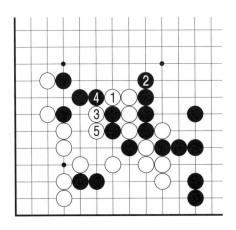

그림2(최선)

백① 때 흑은 ❷로 느는 수가 정수이다. 백③에는 흑❹로 끊어서 중앙을 봉쇄하는 것이 최선이다.

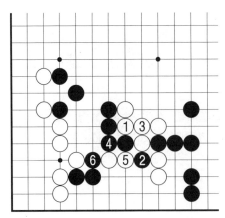

그림3(손해)

백①로 중앙을 연결하는 것은 흑❷로 단수한 다음 ❹·❻으로 하변을 뚫는 수가 있어서 손해가 크다.

버릴 수 없는 상황

● 흑 차례

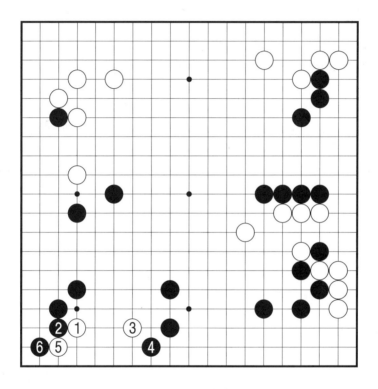

흑의 하변 모양이 집으로 굳어지면 백이 불리한 상황.
따라서 백①부터 흑진을 교란해야 한다. 백⑤까지는 상
용의 수순. 어려운 모습이지만 꼭 타개해야 한다.

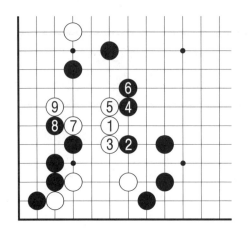

그림1(정해)

백①의 눈목자가 여러 가지 수단을 내포한 수. 흑❷로 공격을 하면 백⑤를 선수한 다음 ⑦·⑨의 되젖히는 맥으로 수습에 나선다. 탄력이 있는 모양이라 죽을 말이 아니다.

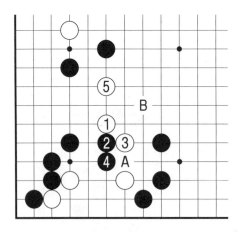

그림2(변화)

백①에는 흑❷·❹가 강력한 공격. 이때에는 백⑤로 가볍게 삭감을 하는 것이 좋다. 백⑤로 A에 잇는 수는 흑B의 씌움이 있어 곤란하다.

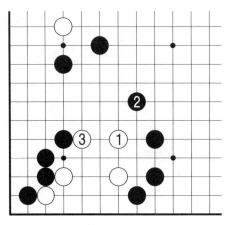

그림3(일책)

백①의 한 칸 뜀도 생각할 수 있다. 흑❷로 크게 공격을 하면 백③으로 붙여서 모양을 갖출 수가 있다. 그냥 죽을 모양은 아니다.

한 수 늘리는 효과

🔴 흑 차례

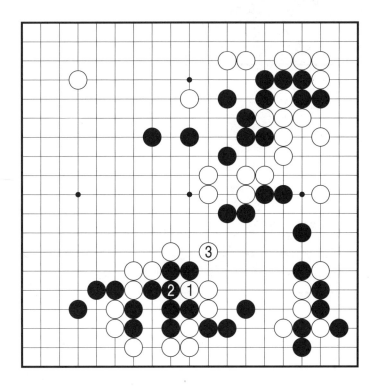

흑의 공격이 주효해서 백이 어려운 모습이다. 백①·③
이 마지막 희망. 촉촉수를 노리고 있는 것이다. 흑은 이
수단을 피해서 수습을 해야만 우세를 점할 수 있다.

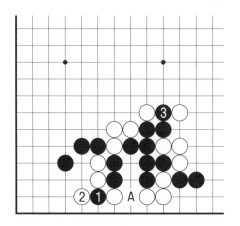

그림1(정해)

흑❶의 끊음이 교묘한 수. 흑
A가 선수이므로 축촉수를 방
비하고 있다. 흑❸으로 중앙
을 뚫으면 성공.

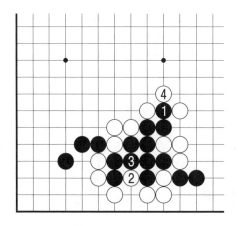

그림2(축촉수)

무심코 흑❶로 나가면 크게
당한다. 백②·④로 단수하
면 흑 전체가 죽기 때문에 망
한 모습이다.

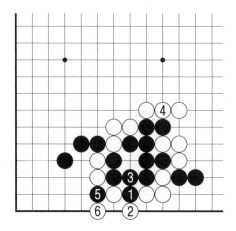

그림3(패)

흑❶·❸으로 집을 내는 수
는 백④로 중앙을 막은 다음
⑥으로 버티는 수가 있다. 이
그림은 흑도 부담이 커서 결
과를 속단하기 어렵다.

단점을 커버하는 테크닉

백 차례

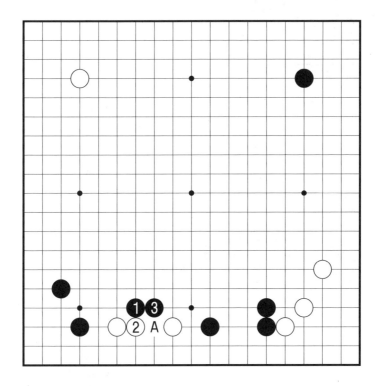

흑**1**·**3**으로 직접 백을 압박한 장면이다. 흑의 노림은 A로 나가서 백을 끊는 것이다. 백은 단점을 커버하는 동시에 전체가 공격당하지 않도록 주의해야 한다.

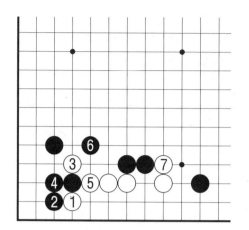

그림1(정해)

백①로 붙여서 흑의 응수를 묻는 것이 기민한 수습책. 흑❷로 막으면 백③·⑤로 모양을 정비한다. 흑❻으로 봉쇄하는 정도인데, 백⑦로 밀어 올리는 자세가 좋아서 충분한 결과.

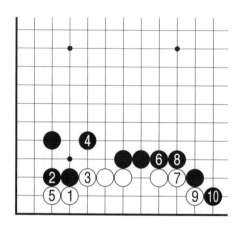

그림2(선수 삶)

백①에 대해 흑❷로 늘면 백③·⑤로 밀고 들어가 수습한다. 흑❻으로 봉쇄를 하면 백⑨까지 둔 다음 선수를 뽑을 수 있다. 백은 이후 좌변을 견제하면 충분하다.

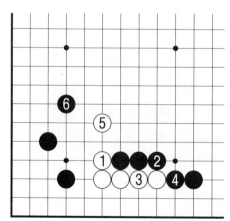

그림3(무거움)

백①로 밀어 올리는 수는 무겁다. 흑❷·❹로 중앙을 두텁게 봉쇄하면 충분. 백⑤로 뛰지 않을 수 없을 때 흑❻으로 집을 벌면서 추격하는 흐름이 좋다.

상용의 행마법 1

⚫ 흑 차례

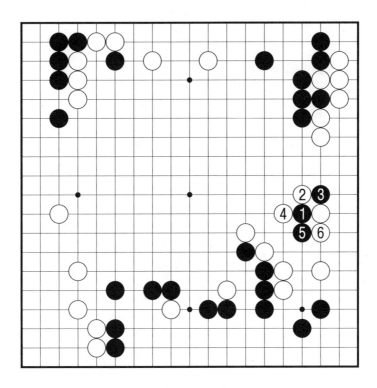

흑❶의 붙임은 백의 응수 여하에 따라서 작전을 세우겠다는 고등 전법. 백②의 젖힘이 강력하지만 흑❸으로 끊는 수가 최강의 대응으로 쌍방 어려운 모습이다. 이런 모양에서의 행마법이 수습책.

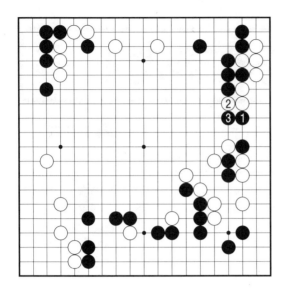

그림1(정해)

흑❶의 붙임이 상용의 행마법이다. 백②로 나오면 흑도 ❸으로 따라 나오는 수가 강력한 수. 이후의 변화는 **그림2**와 비슷한 형태가 된다.

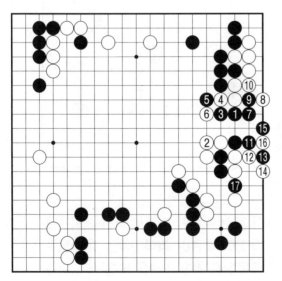

그림2(백, 곤란)

흑❶에 백②로 이으면 흑❸·❺로 막는 것이 강수. 흑⓫로 늘 때 백⑫로 수를 줄이면 흑⓭·⓯가 재미있는 수. 백⑯에는 흑⓱이 절호의 팻감으로 흑이 한 수 빠른 모습이다.

상용의 행마법 2

● 흑 차례

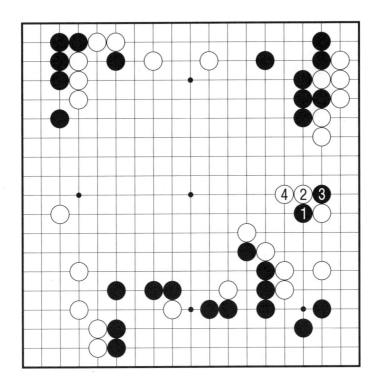

앞의 문제에서 파생된 형태이다. 흑❸의 끊음에 백④로
느는 수도 생각해 볼 수 있는 수. 이런 모양에서도 쉽게
떠올릴 수 있는 행마법이 있다.

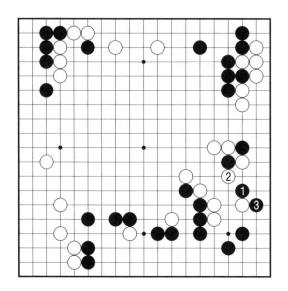

그림1(정해)

흑❶의 붙임이 맥점으로 백의 약점을 엿보고 있다. 백②로 한 점을 단수치면 흑❸으로 넘어서 충분하다. 흑의 실리가 큰 반면 백의 형태는 어설프다.

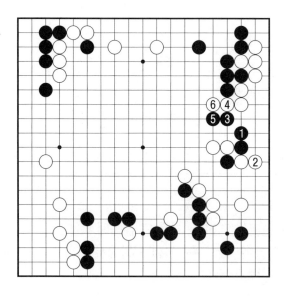

그림2(백의 주문)

흑❶로 느는 수는 백이 바라던 바. 백②로 늘면 흑❸으로 탈출을 해야 하는데, 백④·⑥으로 뚫는 자세가 좋아서 흑의 불만이다.

기상천외의 끼움

백 차례

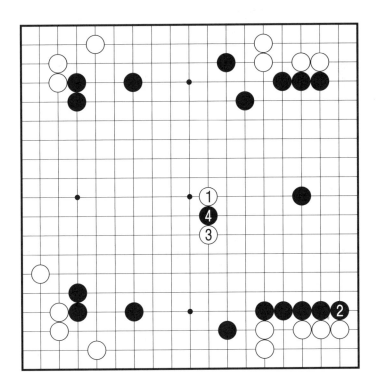

백①·③ 때 흑❹의 끼움이 선악을 떠나서 기막힌 수. 이 수를 구사한 이는 다름아닌 조훈현 九단. 백은 서봉수 九단인데 어떻게 대처했을까? 참고로 이 바둑은 1987년 제30기 국수전 도전 5번기 제3국이다.

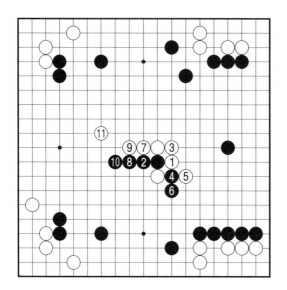

그림1(정해)

백①로 단수한 다음 ③으로 잇는 수가 간명하다. 백⑪까지는 필연의 진행. 이것으로 백이 나쁘지 않다. 흑의 끼움수는 놀라운 착상이지만 결과적으로는 좋지 않았다.

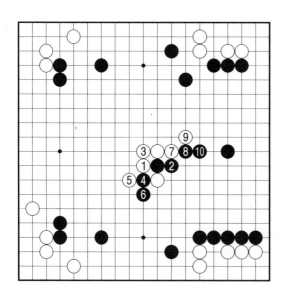

그림2(흑, 우세)

백①로 단수하는 것은 방향 착오. 흑❹로 끊으면 우변의 세력이 커다란 집이 된다.

강심장

⚫ 백 차례

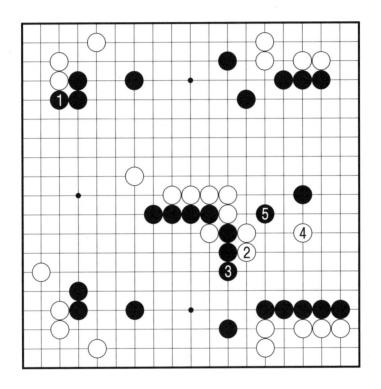

앞의 문제에서 백이 수습한 후의 장면이다. 흑❶은 백집
을 제한하면서 은근히 중앙 백을 노리는 수. 이에 대해
백②·④가 강심장을 가진 서봉수 九단의 승부수이다.
흑❺로 급소를 가격한 후의 대책이 궁금하다.

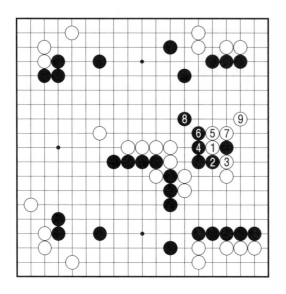

그림1(정해)

역시 날일자는 건너 붙이는 것이 맥점이다. 백①이 좋은 수로 백⑨까지 우변 흑 진영을 송두리째 파괴하면 우세하다. 이제 중앙 백대마만 수습하면 승리가 눈에 보인다.

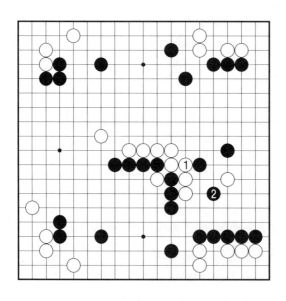

그림2(무책)

백①로 잇는 수는 생각할 수도 없다. 흑❷로 차단하면 애써 침입한 백 한 점만 보태 준 결과이다.

무리한 싸움을 피해서

● 흑 차례

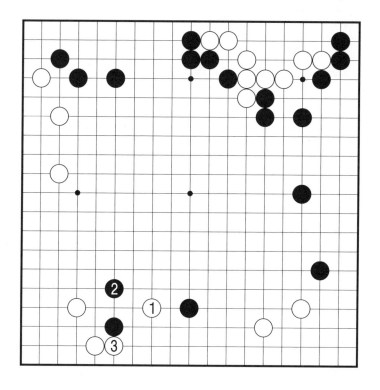

백①의 침입에 흑❷는 좌변을 견제하려는 수. 백③은 일종의 급소. 흑은 중앙을 막을 수 있으면 문제될 것이 없으나 그것은 백의 주문이다. 그렇다면 피해가는 길을 찾아야 한다.

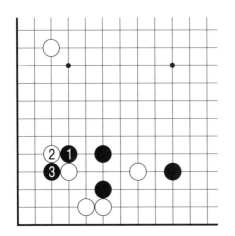

그림1(정해)

흑❶로 귀 쪽을 붙여 응수를 묻는 것이 좋은 착상. 백②로 젖히면 흑❸으로 끊는 수가 맥점으로 수습이 가능하다.

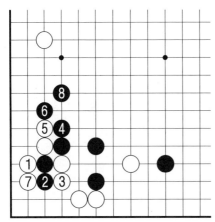

그림2(정해 계속)

그림1에 이어서 백은 ①로 단수하고 ③으로 느는 것이 행마법. 흑❹로 느는 수가 정수로 ❽까지 호구하면 충분한 모습이다.

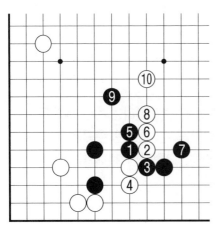

그림3(흑, 고전)

흑❶로 막는 수는 보통의 감각이지만 좋지 않다. 흑❺로 늘면 전투가 발발하는데, 이 싸움은 흑이 불리하다.

맞보기에 의한 수습

● 흑 차례

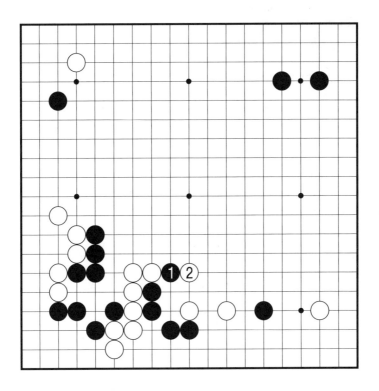

흑❶로 젖힐 때 백②가 중앙을 봉쇄하기 위한 강수. 흑은 수순에 유의해서 백의 약점을 노려야 한다. 자칫 자충이 되는 날에는 큰 화를 당하게 된다.

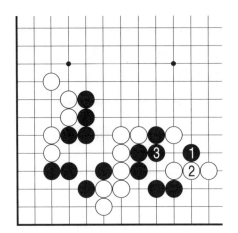

그림1(정해)

흑❶이 유일한 백의 약점. 백②에는 흑❸으로 잇는 수가 침착하다. 중앙 탈출이 맞보기가 되어서 백이 곤란한 모습.

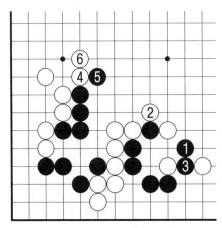

그림2(최선의 진행)

흑❶에는 백②로 중앙을 막는 수가 최선이다. 그러나 흑도 ❸으로 뚫어서는 불만이 없는 모습으로 쌍방 둘 만한 결과이다.

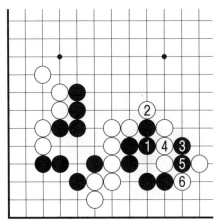

그림3(흑, 걸림)

흑❶로 이은 다음 ❸으로 약점을 노리는 수는 좋지 않다. 흑❶이 자충이 되어 백④·⑥으로 끊으면 사건이 발생한다.

우형을 피한 탈출

● 흑 차례

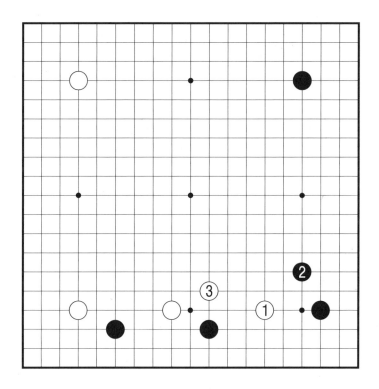

백①로 걸친 다음 ③으로 고압전술을 펼친 장면이다. 그러나 형태가 약해서 그리 걱정할 것은 없다. 일단 왼쪽과의 연결을 보면서 중앙 진출을 노린다.

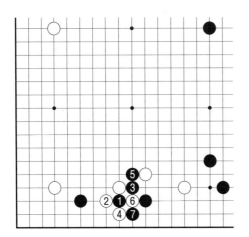

그림1(정해)

흑❶로 붙인 다음 ❸으로 호구하는 것이 좋은 수. 백④의 단수가 아프지만 흑❺로 나가는 것이 행마법으로 백⑥에는 흑❼로 단수하면 충분하다.

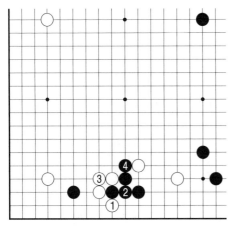

그림2(우형)

백이 ①로 단수칠 때 흑❷로 잇는 수는 좋지 않다. 흑❹로 중앙 진출은 할 수 있으나, 우형이라 불만이다.

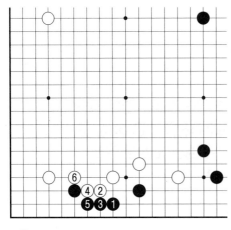

그림3(흑, 저위)

흑❶로 연결에 연연하는 것은 저위라서 좋지 않다. 흑의 실리는 얼마 안 되지만 백의 세력은 그에 비할 바가 아니다.

유혹되기 쉬운 맥

⚪ 백 차례

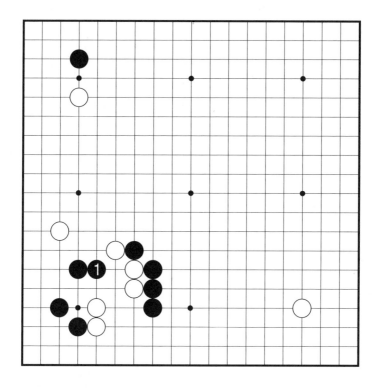

흑❶의 쌍점은 백의 형태를 무너뜨리려는 수. 그러나 흑
의 모양에도 약점이 있어서 반발을 하며 수습을 할 수
있는 장면이다. 물론 흑의 반발에도 유의해야 한다.

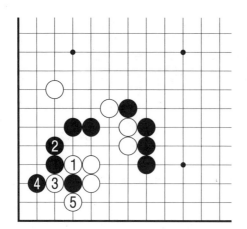

그림1(정해)

백①로 집는 것이 흑의 약점을 정확하게 응징한 수. 흑❷에는 백③·⑤로 한 점을 따서 간단하게 수습한다.

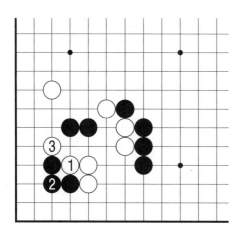

그림2(흑, 무리)

백①의 집음에 흑❷로 잇는 수는 무리. 백③으로 젖힐 때 응수가 없다. 백보다는 흑이 급한 모양이다.

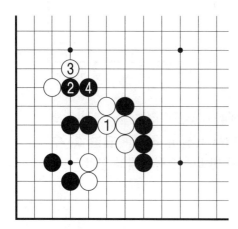

그림3(흑의 의도)

백①로 잇는 것은 책략이 없는 수. 흑❷로 붙이면 백은 양쪽이 급한 모양이라 수습하기가 어렵다.

귀의 약점이 담보

 백 차례

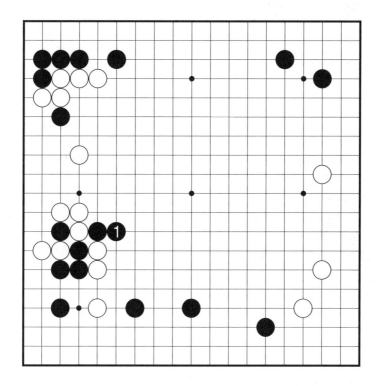

흑❶로 뻗어서 본격적인 전투가 벌어졌다. 백은 귀의 흑
을 노리기 이전에 중앙으로 탈출을 하는 것이 우선이다.
귀의 약점을 이용하면 능률적인 모양을 갖출 수 있다.

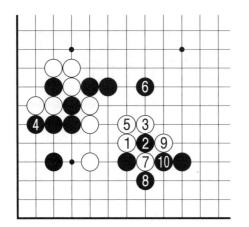

그림1(정해)

백①의 붙임은 상용의 수단. 흑❷로 젖힐 때 백③으로 되젖히는 것이 멋진 행마. 흑❹로 귀를 보강하면 백도 ⑨까지 한 점을 때리며 수습한다.

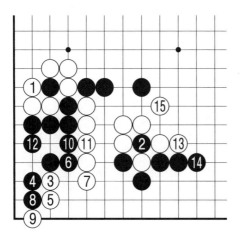

그림2(이후 수순)

그림1에 이어서 백①로 한 점을 따서 귀에 맛을 남긴다. 흑❷로 따면 백⑪까지 선수한 다음 ⑮로 호구치는 수순이 좋다. 흑❷로는 귀를 지키는 것이 정수이고 백은 중앙을 정비한다.

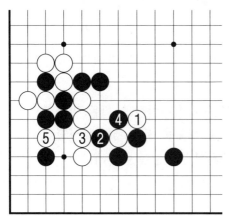

그림3(반발은 불가)

그림1의 수순 중 백이 ①로 젖힐 때 흑❷로 반발하는 수는 성립하지 않는다. 백③으로 이은 다음 ⑤로 끼우는 수가 작렬하면 흑 석 점이 떨어진다.

두 곳의 약점을 커버

백 차례

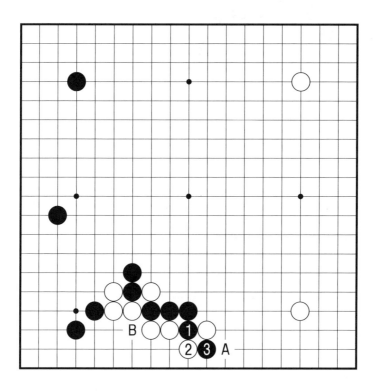

흑❶ · ❸으로 백의 약점을 노린 장면. 백A로 단수하면 흑B로 끊기게 된다. 그러나 백에게는 이 약점을 동시에 커버할 수 있는 수단이 있다.

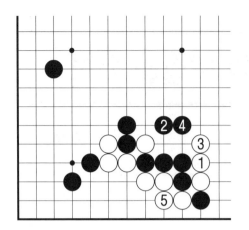

그림1(정해)

백①로 밀어 올리는 수가 오히려 흑의 약점을 노리는 수. 흑❷로 지켜야 하는데, 백③을 선수하고 ⑤로 이으면 약점을 모두 방비할 수 있다.

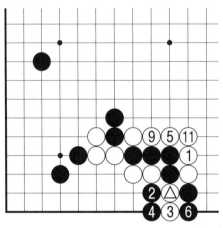

그림2(흑, 무리)

백① 때 흑❷로 단수치는 것은 욕심이다. 백③으로 키워 죽이는 것이 요령. 백⑪까지 흑이 곤란한 모습이다.
(백⑦, 흑❿ … 백△,
 흑❽ … 백③)

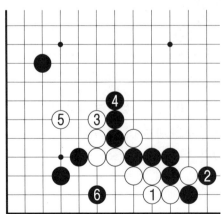

그림3(백, 곤란)

백①로 잇는 수는 흑❷를 당하면 갑갑한 형태가 된다. 백③·⑤로 자세를 잡아도 흑❻의 급소가 남아 곤란한 모양이다.

가볍게 가볍게

⚫ 백 차례

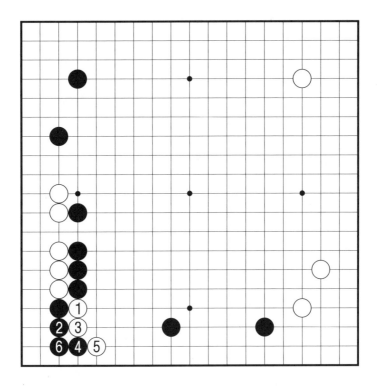

백①로 끊어서 전투 시작. 흑❹·❻이 급소로 백은 직접 싸우기가 어려운 모습이다. 그렇다면 길은 하나. 가볍게 이용하는 것이 좋은 착상.

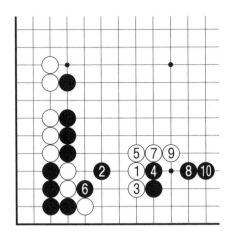

그림1(정해)

백①로 어깨를 짚는 것이 좋은 행마. 흑❷로 급소를 가격하면 두 점은 버린다. 백⑦의 꼬부림이 두터운 수로 피차 불만이 없는 결과이다.

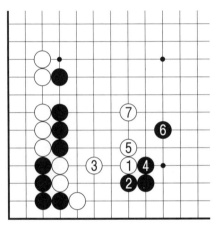

그림2(백, 활발)

백①에 대해 흑❷로 전체를 공격하려는 것은 지나친 욕심. 백⑦까지 오히려 흑 넉점이 무거운 모습이다.

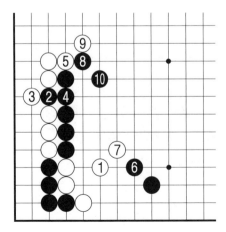

그림3(백, 무리)

백①로 직접 싸우려는 수는 무겁다. 흑❷·❹로 백의 약점을 이용해서 두텁게 형태를 정비하면 백은 일방적으로 몰리는 모습이다.

쌍립은 호형

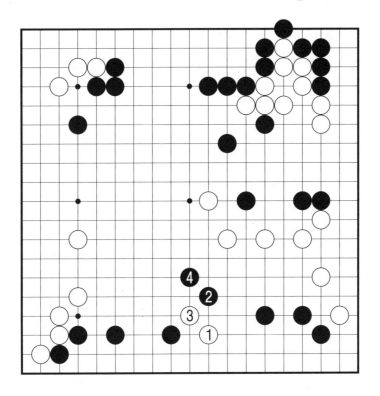

백①의 침입에 용서할 수 없다는 듯 흑❷·❹로 크게 공격을 했다. 그러나 이 정도의 공격에 쓰러질 수는 없지 않은가? 발빠른 행마로 수습에 나선다.

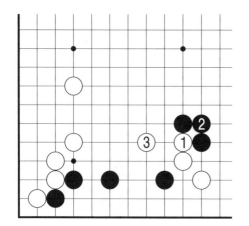

그림1(정해)

백①로 찝어 흑의 응수를 묻는 것이 유력한 수법. 흑❷에 꽉 이으면 백③이 탄력적인 수라 걱정이 없다.

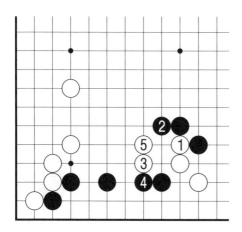

그림2(수습)

백①에 대해 흑❷로 늘면 백③으로 뛰는 것이 요령. 흑❹에 지키면 백⑤로 쌍립을 해서 수습이 가능한 모양이다. 중앙에 끊는 단점도 노릴 수가 있다.

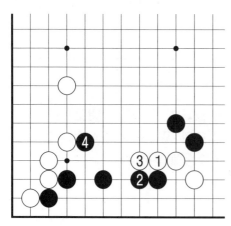

그림3(백, 고전)

백①로 밀어서 머리를 내미는 것은 흑❹의 붙임이 통렬해서 백이 괴로운 모습이다. 수습을 하다가 좌변이 다칠 위험이 있다.

무리 없는 수습

백 차례

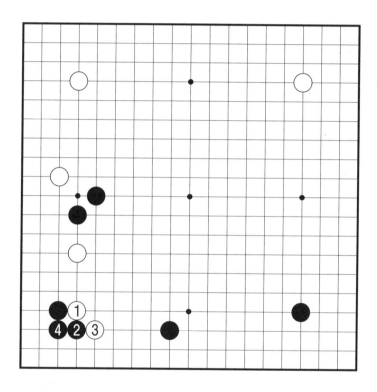

이 형태는 공격 〔72형〕에서 다루었던 형태이다. 그때는 백이 무리를 해서 좋지 않았다. 흑이 강한 곳이므로 튼튼하게 두어서 급소를 노출시키면 안 된다.

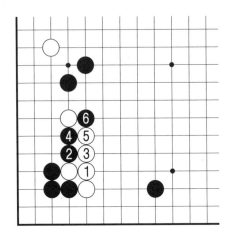

그림1(정해)

백①로 잇는 것이 침착한 수. 흑❻까지 백 한 점을 잡으며 좌변을 키우면 불리해 보이지만 흑돌이 많은 곳이므로 무리해서는 안 된다.

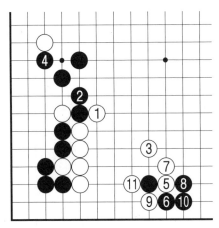

그림2(정해 계속)

그림1에 이어서 백은 ①로 단수한 다음 ③으로 안정을 취하는 것이 급선무. 흑❹로 좌변을 지키면 백⑤의 붙임으로 하변을 정리한다. 백⑪까지 백도 둘 만한 결과이다.

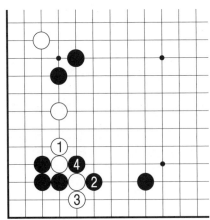

그림3(무리)

백①로 뻗는 수는 욕심. 흑❷의 껴붙임이 맥점으로 백이 어려운 싸움이다. 이후 진행은 공격 [72형]을 참조하기 바란다.

이으란 법은 없다

⬤ 흑 차례

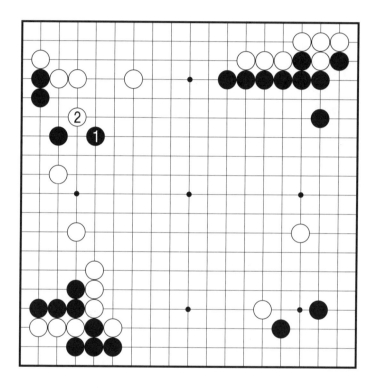

흑❶의 한 칸 뜀에 백②로 잇기를 강요한 장면이다. 격언에 '들여다보는데 잇지 않는 바보 없다.'고 하지만 꼭이으란 법도 없다. 다른 수단도 얼마든지 있다.

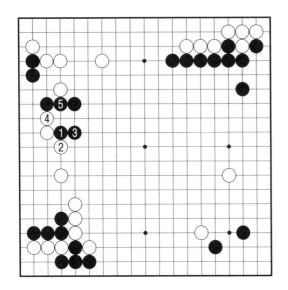

그림1(정해)

흑❶로 붙이는 것이 좋은 행마법. 백②·④에는 흑❸·❺의 쌍립을 할 수가 있어서 수습하기 수월한 모양이다.

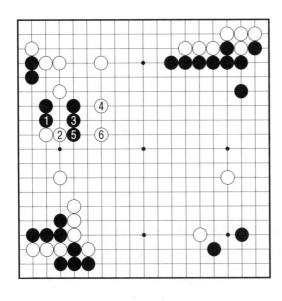

그림2(흑, 고전)

흑❶로 치받는 수도 생각되지만 백④를 당하면 답답한 모습이다. 흑❺에는 재차 백⑥으로 씌워서 공격을 이어가면 흑의 괴로움만 커진다.

발등에 떨어진 불

● 흑 차례

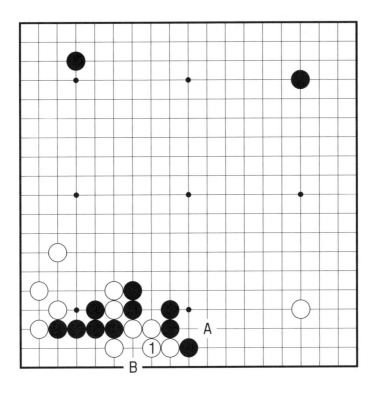

어려운 싸움이 진행 중이다. 백①로 이으면 흑은 단점이 많아서 수습하기가 쉽지 않다. 흑A로 보강하면 백B로 살면 그만. 가운데 백 두 점을 잡을 수 없으므로 흑의 고전이다. 흑은 일단 이 곳을 처리하는 것이 급선무.

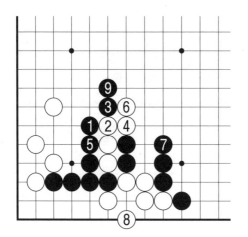

그림1(정해)

흑❶의 씌움이 맥. 백②로 나가면 흑❺까지 선수로 한쪽을 보강한 다음 흑❼로 쌍립을 선다. 백⑧이 불가피할 때 흑❾로 뻗으면 유리한 모습이다.

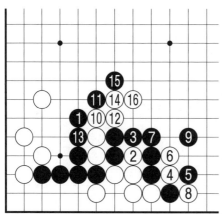

그림2(최선)

흑❶에는 백⑧까지 선수로 오른쪽을 처리하는 것이 좋은 수순. 그리고 백⑩으로 나가면 어려운 전투가 된다.

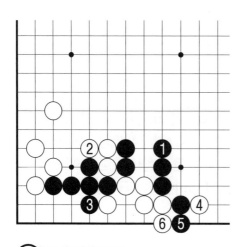

그림3(흑, 곤란)

흑❶은 왼쪽 흑돌에 힘을 실어주려는 수. 그러나 백②로 막는 수가 성립해서는 망한 모습이다. 흑❸에는 백④의 껴붙임이 준비된 맥으로 흑을 잡을 수 있다.

71 수습

가벼운 마음으로

⚪ 백 차례

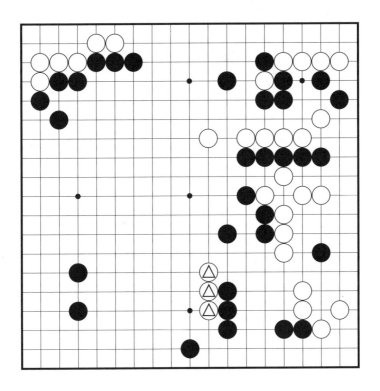

하변의 백△ 석 점을 수습하는 문제이다. 주변이 온통 흑 천지이므로 가볍게 처리한다. 때에 따라서는 백 석 점은 버려도 좋다. 흑세를 삭감하는 것이 주목적이므로.

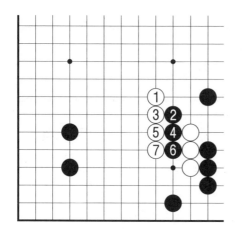

그림1(정해)

백①의 밭전자가 경쾌한 행마. 흑❷로 약점을 노리면 백③ 이하 ⑦까지 밀어서 석점을 버리고 수습한다. 백 석점은 지금 상황에선 6집에 불과할 뿐이다.

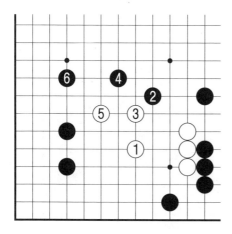

그림2(백, 답답)

백①도 가벼운 수이지만 흑❷를 당하면 답답한 모습이다. 애초에 방향을 변으로 잡은 것이 실수이다.

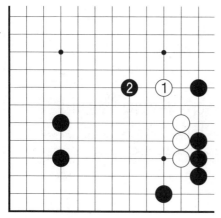

그림3(급소 노출)

백①의 날일자는 봉쇄를 피하려는 수. 그러나 흑돌에 너무 붙은 느낌이다. 흑❷가 공격의 급소. 이 한 방으로 백은 중심을 잃게 된다.

비록 2선이지만

● 백 차례

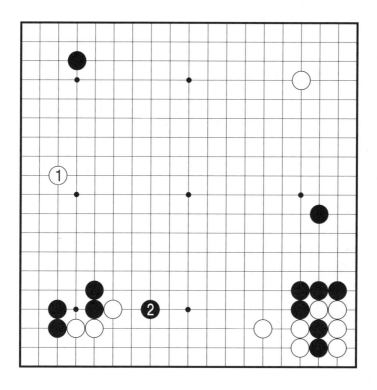

백①은 좌변이 하변보다 크다고 생각해서 내린 결정. 흑
❷의 공격은 감수해야 한다. 그러나 일방적으로 쫓기면
좌변을 갈라친 의미가 없다. 손을 뺀 곳이므로 약간의
손해는 참아야 한다.

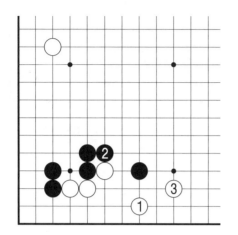

그림1(정해)

백①로 2선을 달리는 것이 가벼운 수습책. 흑❷에는 백③으로 벌린다. 좌변은 백의 갈라친 돌이 있으므로 걱정할 것이 없다.

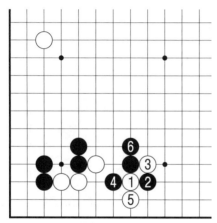

그림2(백, 곤란)

백①·③으로 붙여 끊는 수도 재미있는 발상. 그러나 흑❹로 단수한 다음 ❻으로 늘면 백의 응수가 어려운 모습이다.

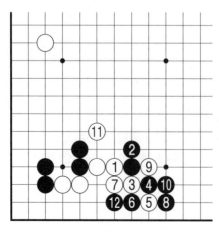

그림3(근거 부족)

백①의 치받음은 흑❷를 불러 일단 손해이다. 백③·⑤가 맥점으로 백⑪까지 탈출은 가능하지만 흑⓬로 밀면 근거가 전혀 없는 모습이라 괴롭다.

한 발 먼저 진출을

 백 차례

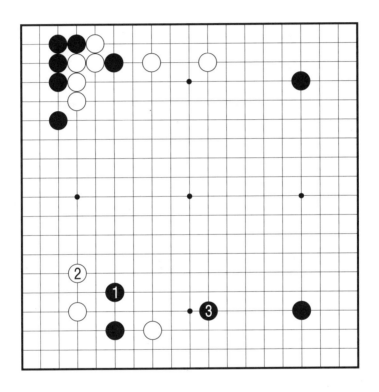

흑❶로 뛴 후에 ❸으로 공격하는 것은 호방한 작전. 좌
변을 굳혀 주어도 백 한 점을 크게 공격하려는 것이다.
백은 흑보다 한 발 먼저 진출해야 공격을 피할 수 있다.

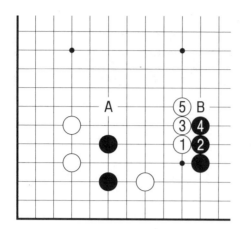

그림1(정해)

백①의 밭전자로 흑의 어깨를 짚으며 중앙으로 진출하는 것이 좋은 행마. 흑❹까지 밀어도 백⑤로 늘면 A, B가 맞보기라 충분한 모습이다.

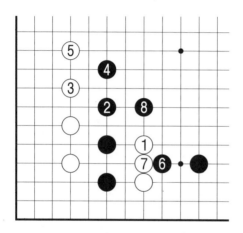

그림2(백, 곤란)

백①로 뛰는 수는 책략이 부족하다. 흑❷·❹로 과감하게 벽을 만든 다음 흑❽까지 공격을 하면 백이 곤란한 모습이다.

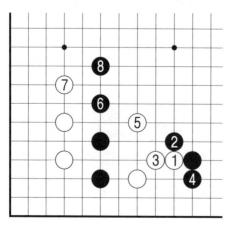

그림3(흑, 유리)

백①로 붙여서 변화를 구하려 해도 상황은 나아지지 않는다. 흑❷·❹가 정확한 대응으로 백은 양쪽이 급해진다.